혼자 웃다

혼자 웃다

곽진구 시집

| 시인의 말 |

걷다 보니 여기까지 왔다.

걸으며 오긴 왔는데 신통치 않다. 그 길 끝에선 완성된 뭔가를 만날 것이라고 나름 생각해 보긴 했지만, 마음뿐 그 결과는 항상 그러하듯 튼실하지 못하다. 어느 것은 욕구불만이고, 어느 것은 자기만족처럼 보인다.

고단한 시의 길이다.

제7시집 『시의 소굴』 이후 문예지에 발표한 작품과 근래의 신작, 그리고 그동안 이런저런 이유로 빠졌던 작품들을 묶어 보았다. 총 70편을 5부로 나누어 구성하였는데, 이 중 4·5부는 제5시집 『사람의 집』과 제6시집 『꽃에게 보내는 엽신葉信』 전후의 작품에 해당한다. 시간의 차가 다소 있지만, 그냥 묻혀두고 가기에 뭔가 허전한 생각이 앞섰기에 붙들어 놓아두기로 했다.

시인은 한곳에 머물러 있으면 안 된다. 한곳에 머문다는 것, 다시 말해 안주安住는 작가로서 직무유기이다, 라는 말이 새삼 떠오른다. 다시 내딛는 길이 험로일지 비단길일지 모르지만, 마음을 다잡아 시의 폭풍이 일기를 기대한다.

이번 시집은 표현문학상 수상과 함께 부상으로 받은 시집 출판권으로 발간되었다. 신아출판사 서정환 사장님께 감사드린다.

여덟 번째 시집 발간이다.
나의 시들의 무탈한 여행을 빈다.

2023년 5월 어느 날
지리산 아래 우거寓居에서 저자

목차

시인의 말

I.

의자는 실수처럼　12
오래된 꽃구멍　14
상강, 꽃이 보이는 하루　16
공중누각空中樓閣　18
생각의 잔　20
이웃집과 개 울음소리　22
풍장, 혹은 새와 갈대　24
물의 빈손　26
폭염, 그 여름의 변주　28
오독誤讀　30
밤꽃의 변辯, 그 유월　31
바퀴벌레와의 하루　32
부재중 웃음　34
강변 미스김라일락 꽃　36

II.

삼월과 사월 사이, 그 첫 우음偶吟　40

십 년 후의 당신, 니르바나　42

얼룩, 그 팔월의 집　44

신춘우음新春偶吟　46

백목련　48

살구꽃밭에서　50

자목련紫木蓮　52

밥맛에 대하여　54

초승달　56

형님 기일忌日　58

동지冬至　59

가방뜰, 그 집　60

고향 집　62

혼자 웃다　63

풍경이 된 말들　64

반쯤 읽은 책　66

III.

능소화, 그 집　68

단풍학교　70

손님　72

자작이 보이는 빗물 정원　74

어떤 궁리　76

허깨비가 사는 집　78

옛 얼굴　80

겨울 산책　82

꽃과 나비　84

어떤 우화羽化　85

동박새 동행　86

떠 있는 의자　88

감나무, 불편한 책　90

팽나무와 들 이야기　92

살구꽃 이야기　94

IV.

건망증健忘症　96
봄눈　98
새해 첫날　99
한눈을 팔며 와보니　100
눈 아프고 사흘　102
멍한, 멍청한　104
요즘 나는　106
밥 사냥　107
건천乾川에서　108
환치換置　110
아버지, 그 이름의 끝　112
책 읽기　114

V.

지진地震　118
다시 수락폭포에서　120
별에 관한 명상　121
기미　122
옥상옥屋上屋, 그 상처 보기　124
허무를 굽는 나무　126
가을, 그 자유로움을 위하여　128
홍시紅柿　130
처서處暑　131
어떤 가려움　132
원시의 꽃밭　134
아름다운 무지無知　136
차이差異　138

• 서평
『혼자 웃다』, 그 무위의 하늘 세계 | 김광원(시인)　140

I.

의자는 실수처럼

목련꽃에 내려앉아 먼저 손을 뻗는 건 의자였다
마른 나뭇가지에 숨겨놓은 슬픔의 잎이 당신의 것이 아니길
바라는 의자는
나무 아래에 모인 사람들의 눈물이
꽃으로 펴서 지상을 덮는 날이 많아지도록
어제는 햇볕을 심고
오늘은 바람을 심는다

웃음을 피워놓고 그 웃음이 자라 기쁨이 될 때까지
일을 그르쳐도 괜찮을 것 같고,
잘못해도 혼나지 않을 것 같고,
멋모르고 까불어도 그냥 봐줄 것 같은
봄날의 의자 한 그루

슬픔을 늦췄다 당겼다 하는
늦은 오후, 아픈 인생을
꽃잎에 싸서 먼 당신에게 보내고 돌아와

등 대고 앉아
발아래에서 뛰어노는 햇살 같은 아이들을 본다

잡았던 손을 거둬들이는 꽃의 일이
의자는 실수처럼

오래된 꽃구멍

  봄길을 가는데 봄 속에서 만난 사람마다 동전만 한 구멍을 달고 사는 게 낯설지 않다

  너무 가난해서 배고픔이 무섭지 않도록 무언가 불러 대야 했던 두려움의 노래가 노인학교 담벼락에 뚫린 구멍을 닮았다

  때마다 흘러나오는 절절한 저 노래를 참 오랫동안 안고 살아서 그런지 웬만한 건 잘도 참아낸다

  어릴 때 배운 덕목을 한세월 길게 풀어 먹고 있는 중이다

  구멍 난 벽돌담을 경계로 하여 담 안의 살구, 담 밖의 오이

  온갖 세상의 것들 중에서 맨 먼저 훔쳐 먹었던 가장 맛난 기억이 들어 있는 열 살짜리의 눈으로

하루는 담 안에서, 또 다른 하루는 담 밖에서 그 구멍을 통해서 세상을 들여다본다

세상이 살구꽃이었다가, 세상이 오이꽃이었다가

인생에 꽃구멍이 나 있음을 안다

상강, 꽃이 보이는 하루
― 춘향촌春香村에서

꽃과 여자와 돌탑이 있는 솔바람 산보길에 구절초가 꽃문을 연다

여든일곱 개의 목木계단과 참빗나무 울로 둘러싸인 열 개의 돌탑과 달거북 바위 사이로 모처럼 함께 온 아내의 노랫소리가 들리고
그 소리에 취해 잠시 시간을 잊은 나는 가을을 잊고 그 소란 속으로 들어간다

사람도 꽃도 해찰하는 의자에 반쯤 벌려 덮어놓은 책이 나비처럼 그 날개를 펄럭이며 날아다니고 있다는 것을 나는 까마득히 잊고 있다

꽃이 필적마다 움찔움찔 놀라는 고요가 걸음을 멈추고 저 꽃을 무심히 들여다보며 웃음 짓는 그녀의 눈빛에 균형을 이룬다

하루에 한 번씩 꽃을 받아 드는 산아, 너는 부자다,

이렇게 말하는 동안 하늘과 땅을 어우르는 향기가 바람에 실려 퍼져간다

 저 향기에서 맑은 물소리와 목탁 소리와 달 가는 소리가 난다

 깨끗한 화선지에 방금 그려낸 듯한 골짝, 그 골짝의 절에서 예불의식이 한창이다 그리고 보니 납작 엎드린 꽃들이 하나같이 기도하는 여자들을 닮았다

 나비처럼 날던 책이 날기를 포기하고 시월의 달 속으로 들어간다
 따뜻한 상강이다

공중누각 空中樓閣

누각은 물가의 정원에서
매화나무 꽃가지를 붙들고 흔들흔들 망설이고 있다

늘 그러하듯 우울하고 외로운 생각이 앞서고
사람들은 그 뒤를 따른다

물 밖 그려진 매화꽃이 물속에 뛰어든다
어린 풍경도 촐랑촐랑 뒤따른다
이 풍경을 키울 욕심으로 연못은 제 몸에 까치 한 마리를 풀어놓아
종일 짖게 하는데
사실 꽃보다 시끄럽다

화들짝 화들짝 꽃들이 핀다
펑펑 터지는 꽃 속에 그리움이 커 간다
꽃핀 풍경을 버리지 않고 가지고 놀다 보면 갓 쓴 선생이 잠시
이 연못에서 쉬고 있는 게 보인다

신통치 않던 삶이 꿈틀꿈틀
뭔가 막 이루어질 것만 같았던 시절이
지금의 연못 속과 같이 환하다

사람이 앉으면 보이는 의자처럼 깨인 눈동자를 굴리며
허공에 숨은 누각을 찾는다

전원이 무성한
불귀不歸 세상 속으로 돌아가는 이가 보인다
많은 사람이 다녀간 육필 찬문讚文도 나풀거린다

생각의 잔

매미가 땅바닥에 머리를 박고 맴돌며 운다
어디에 혼을 놓고 온 것일까

미끄럼 주의 표지판이 붙은 목교에서 미끄러져 넘어지니 나도 매미처럼 별이 보이고 별이 우는 소리가 들린다
순간 빙빙 도는

가지가 부러져 땅에 꽂히거나 잎이 꽃과 함께 꺾여서 지거나 새소리가 나뭇가지에 부딪혀 바람처럼 떨어져 내리거나
허공에서 땅에 별똥별처럼 떨어졌던 것들, 저것들이 되살아나
생각을 채운다

매미는 땅에 머리를 박고 맴돌며 운다
땅속 고향이 그리웠기 때문인가

소리가 징하다

징한 소리만큼 땅이 파이고 시詩가 보인다
문득, 죽음을 이길 자는 없으나 시詩보다는 못하리라는
생각이 스쳐 간다

땅이 토해내는 소리,
생각의 잔이 넘친다

이웃집과 개 울음소리

이웃집의 개가 어제도 짖고
오늘도 짖는다
나를 본 적도 없으면서 먼 옛날부터 준비해온 것처럼
집 밖의 나를 알아채고
죽창 짖어댄다

주인 따라 이사 온 그날부터
이미 나에 관한 연구가 끝난 모양인지
짖는 소리가 강단 있게 내 주변을 머문다
그러나 여기엔
나 말고 우주의 그 누구와의 소통을 위해
별도의 회선을 두고 짖는 것이 아닌가 하는 생각이
들었다

그러니 저놈은 나를 경계해서 짖는 것이 아니라
그 누군가를 맞이하기 위해 짖는 것이다,
이렇게 생각해놓고 보니

나는 문득 이 소리가 그리워 먼길을 달려와 기웃거리
는 이가
　내 주위에 있음을 느꼈다

　우주에서 온 그를 맞이하는 소리가
　계단을 오르거나 내리거나 변함이 없었다

　소리가 기억의 옷자락을 잡아채고 있다

　달이 도는 고요한 지구에서 찾는 개 울음소리가
　집 주변에 가득하다

풍장, 혹은 새와 갈대

제사상의 혼불처럼 갈밭을 지나가거나 빠져나오는
조용한 눈물을 보았다
땅바닥에 주저앉아 일어설 줄 모르는
한 사내의 등을 두드리며
끊임없이 속삭이는 말, 그 말들이 낙엽처럼 질 무렵
갈대는 몸을 서걱이기 시작했다

그렇게 몸은 땅에 놓아두고
마음은 새가 되어 하늘을 운다
바람이 넘실대는 갈대에 눈물을 심은 이는 누구였을까,
라는 의문이 여기서 풀린다

갈잎 몸 비벼 내는 소리를 듣다 보면
그 소리 끝에 한 여자가 앉아 있음을 안다
새 한 마리가 갈대에 숨어 운다

우는 소리가 몸 서걱이는 갈대 소리를 닮아서
새가 우는지 갈대가 우는지 분간하기 어려우나,

망연자실 그 소리에 젖어 한 여자를 그리는 사내의 모습은
　멀리서 보면
　쓸쓸하지만, 낭만 풍경처럼 보인다

　새 한 마리가 잠시 세상에 앉았다 떠난다

물의 빈손

하늘이 두 쪽이 나도 안될 일은 안되는 일이다

탈탈 털린 당신의 손이 할 수 있는 일이
간절히 빌고 또 비는 일일진대,
오늘 내 곁을 떠나며 하는 말은 그대로 눈물이 되었다
그대로 믿어야 한다

회한과 한숨이 오랜 세월 함께
당신의 손을 잡고 있었다는 걸 잊어서는 안 된다

바다에 떠서 잡았던 손을
버리고 또 버리고 하는 당신의 우유부단이
손을 버리는 그만큼
바다를 아프게 해서 나의 배는 침몰 중이다

꿈은 심해深海에 있고,
꿈은 절도絶島에 있고

누군 바다의 산호마을에 가서 사는 게
소원이라고 하지만,
바다의 밑바닥으로 가서
돌아오지 않는 이가 참 많다

바다의 밑바닥엔 당신의 빈손이 가득하다

폭염, 그 여름의 변주

지금까지 살아오면서 덥다, 덥다, 라는 말이
실감 난 적이 없었는데,
올여름은 사십 도를 오르내리는 찜통더위에
정신마저 혼미해지고 몸도 자주 탈이 나더니
이제는 아예 그 더위에 두 손 두 발을 모두 들고 항복하고서
시원한 자연산産 바람 한 점에 목숨을 구걸하는,
우스꽝스럽게도 불쌍한 목숨
여름나기에 총력전을 펼쳐야 했다

이를테면 숨이 녹아내린다는 그럴듯한 말 이외에 달리
더위를 대신할 말이 없고 보면,
눈앞의 나무며 물고기며 흙이며 꽃이며
내가 보는 모든 것이 녹아내리면서 내는 그 녹는 소리가
온 산하를 휘젓고 다녀도 우린 꼼짝할 수가 없었다
밤이면 밤, 낮이면 낮, 가능한 한
움직임을 줄이고 게으름을 최대한 피우며

나무늘보처럼 열대의 습성을 따라야 했다

그러고 보면 세상의 시계는
지구의 친구인 붉은 달을 향해 돌고 있었다
하늘은 하늘대로 땅은 땅대로 짐승마냥 영역 표시를 하며
세상을 달구었다
곳곳에서 잠 못 이루는 이가 많았다

어떤 이는 내일 쪽으로 길을 내고,
어떤 이는 어제 쪽으로 길을 내었다

용을 새긴 범종이 가끔씩 울었다
그 소리를 듣고 누군가는 지구 밖으로 걸어 나갔다

오독誤讀

철쭉꽃이 펄펄 끓는 오월의 첫 아침,
딱따구리 한 마리가 열심히 나무를 쪼고 있다
내가 그 곁에 와 있는 줄도 모르고
쪼는 데만 열중이다
오로지 내 길은 목숨 걸고 하는,
이 길
뿐이라는 듯이

비가 주룩주룩 내렸다
그 빗속으로 들어가 한 생을 지우는 이가 있었다
비로 담을 쌓아놓고
오로지 사랑하는 일이 목숨 걸고 하는,
이 길
뿐이라는 듯이

밤꽃의 변辯, 그 유월

밤꽃이 밤을 내밀기 전에 풍기는 꽃냄새를
사람들은 사랑이라 말했다
그러나 무슨 일이 있었던가
저 냄새 속에서 누군가는 죽어 나가고
누군가는 살아 돌아왔다
조용하던 세상이 들썩거렸다
인간의 담론 속엔 코로나(corona) 천지였다
원시의 기억을 찾으려 세상을 유영하던 시인의 손조차
유월의 눈물 속을 벗어나지 못했다
모두 서로를 사랑한다고 했지만,
이미 병들어 이 싹 안에 정해진 만큼 자란 죽음이
온 마당을 쓸고 다녔다
밤꽃이 피고 밤꽃 속에서
운명이 자랐다

향기 몇 섬이 누군가를 데리고 길을 뜨는 밤이다

바퀴벌레와의 하루

목욕탕 안에서 바라본 눈밭 세상이 환하다
대설주의보가 내린 바깥세상의 대설이
어디로 튈지 모르는
불안한 개구리처럼
입을 꽉 다물고 사는 사람의 형국을 가늠한다

참고 또 참고 살다가
더는 안 되겠다 싶으면 우지끈
제 몸을 부러트리고야 마는
창밖의 노송

나는 때 빼고 광내는 목간沐間의 일을 마치고
저 노송 앞에 서서
찢거나 부러트리거나 하는 따위의
대설의 속마음을 읽는다

살기 아니면 살아내기
저걸 보면서

나는 인류의 오래된 밥 귀신을 떠올린다
철밥통의 바퀴를 소리 없이 굴리며
머리맡을 오고 가는

그러면 세상은 무슨 일이 있었냐는 듯이
바삐바삐 무심히 지나가고

부재중 웃음

비가 오면서 천둥이 짖는다
그래서 말인데,
아무나 대고 짖는 게 아니라면
당신은 아무나가 아닌 게 아니어서 다행이다

어느 날 갑자기 돈이 되지 않아
들에서 뽑혀 나간 웃음들,
저 버려진 웃음에게 당신은
하루에 한 번씩 이름을 지어주고
웃음은 하루에 한 번씩
당첨된 로또 번호처럼 신나게 웃는다면

울던 딸이 먼저 웃고,
느티나무 그늘에서 엄마를 기다리는
당신의 딸의 딸이 웃고,
그 곁에서 늘상 붙어 다니는 늙은 개가
웃음 따라서
또 웃을 것이다

들판에 떠다니는 슬픔을
뻥튀기에 넣어
웃음으로 바꾸어 놓을 재주
이 재주만 있다면

강변 미스김라일락 꽃

강변 목로주점,
미스김라일락 꽃이라고 불리는
그녀가 슬프다

어린 새끼를 두고 굴에서 빠져나온 짐승마냥
이리 불안 저리 불안
여기 한 송이 저기 한 송이
눈치를 살피며 핀다

아이들은 외할머니 댁에 맡기고
홀로 나와
세상의 눈치를 보며 사는데,
그런 그녀가 소리 없이 고향 집에 왔다가 간다

미스 김이라고 속여 불리어져야 했던,
철수 엄마이기도 하고 순이 엄마이기도 한
미스김라일락 꽃이 오늘은
두 손에 아이들의 옷과 제 어미가 좋아하는

쇠고기 두어 근을 들고 고향 집을 다녀간다
한참을 울고 간다

II.

삼월과 사월 사이, 그 첫 우음偶吟

  삼월과 사월 사이
  뜬금없이 눈이 오고 비가 오고 바람이 불고 기온이 20°C를 오락가락하더니 햇볕이 쨍쨍하더니 갑자기 꽃들이 일제히 폭발한다, 백화가 만발한다
  그러나 저 폭발, 저 만발을 찬찬히 들여다보면
  순서 없이 무질서하게 개화한 것은 아니다

  이를테면 우리의 전관예우와 같은 모종의 비밀한 순서가 있어서
  맨 처음 산수유가 '꽃이요!' 라고 울음을 터트리면, 이어 백목련이 '꽃이요!' 하고 울고, 그걸 받아 벚꽃이 '꽃이요!' 하고 다시 울고, 그걸 되받아 진달래나 산철쭉이 늦둥이나 나머지를 몽땅 세일을 해서 '꽃이요!' 하고 울음을 다 내뱉고서야 마친 것 같이 보이는데
  백화쟁명百花爭鳴, 백화쟁명百花爭鳴 이런 말이 떠올려지기에
  딱히 좋은 오늘,
  이 봄을 몽땅 털어 특별히 그 울음을 보낼 데가 있다

우리 집으로부터 몇 개의 담과 대문을 지나 사방이 훤히 뚫린 마을 앞 정자, 그 정자에 구순九旬 노모를 모셔 놓고 스스로 '꽃이요!' 하고 색동옷을 입고 덩실덩실 춤을 추는 흰머리 성성한 늙은 아들을 만난다
 꽃을 놓아버린 노모를 위해 스스로 꽃이 된 남자, 봄이지만 기침소리 깊다

십 년 후의 당신, 니르바나

당신이 잠시 왔다 간 이 자리가
나에겐 행복이었으면
좋겠다, 참 좋겠다, 라고 고개 끄덕이며 내리는 눈

그 눈이 한 치 두 치 세 치 쌓이더니
마침내 폭설로 내려앉는다

누구의 눈물이 이 눈이 내려앉는 자리처럼
차갑고 아리고 폭폭하더냐, 이런 질문은
이제 하지 않으련다

먹먹한 동짓날 밤,
눈 그치고 아픈 머리 언제 아팠느냐는 듯이 개이고
스스로를 얼려가며 그 몸을
마당의 담벼락에 기대어 벌을 세우던 향나무도
 볼에 흐르는 눈물을 닦고 찬란히 찬란히는 둥근 달을
맞이하는데

어디서 보았더라
눈에 부신,
눈밭에 부신 당신
지친 나의 머리를 어루만지며 방안으로 들어서구나

저 달빛, 지상에 자꾸 버려져서 주웠는데
모두 환하다,
이런 생각을 하며 당신 앞에 서다

얼룩, 그 팔월의 집

바람이 내 곁을 스치고 지나갈 적마다
내 몸에서 냄새가 났다
누군가에겐 소용없는 것들이 나에게로 와서
꽃이 되었다가
별이 되었다가
눈물이 되었다가
웃음이 되었다가
나는 눈치 없이 저런 것들의 창고지기가 되었다

하늘에 내다 버린 자전거가 살다 가고
자전거가 달리는 좁은 골목길이 살다 가고
싸구려 속옷이 살다 가고
낡은 신발이 살다 가고
몰래 키운 나를 먹여 살린 욕이 살다 간다

누군가는 이유가 되지 않는 것들이
지금의 나에겐 정당한 이유가 되면서 허전해하는
세상의 한구석을 채운다

하찮거나 낡아 쓸모가 없어 보이는 것들,
저런 것들이 예우를 받는 밤
바람이 불면서
그리운 문장 속으로 걸어 들어오는 그대가 보인다

내 몸에서 냄새가 났다
그 냄새가 꽃이었다가 별이었다가

눈물을 담을 일을 **빼고는**
나는 늘 빈손이었다

신춘우음 新春偶吟

오랫동안 잊고 살다가
문득 저녁달을 끌고 오르는 산등성이처럼
알면서 모른 체
입을 꼭 다물고 살아온 날들이 참 깊다

몇 평의 땅을 갈고
씨를 뿌리고
풍성치 않으나 그 봄들과 수작도 하고
영혼의 호강을
누릴 것이다, 라는 작은 소망을 위해
등 너머 당신과 나와 당신의 하느님,
이 셋이 모처럼 모여
저녁 한때를
참 오랜 염원의 시간으로 할애한다

비어있는 모든 것의
품에 들어가 신춘의 복집을 짓는다

한 줄 문장에 생이 즐겁게 보이는 풍경
하나도 건강,
둘도 건강

올해는 기대해도 좋을 것 같은 것들의
봄날의 첫 담합

백목련

인생이 너무 무료해서
인생을 반전할 수 있는 일이 없을까, 라고 생각했을 때
그대가 다가왔다

무작정 끌어안았고 무작정 키스를 퍼부어댔다
너는 누구냐, 묻지 않았고
어디서 왔느냐, 따지지도 않았다

무료를 깨트릴 소란 한바탕이면 충분했다
그 곁의 먹까치의 울음 한 소절이 더 좋았다

그 소란이 지금 피고 있었다
꽃에서 사람 냄새가 났다
갑자기 등이 따스웠다

길에서 행복을 맞는다?

누가 한 말인 줄은 모르지만

오직 이 한 가지 생각만으로 남은 인생의
전부가 되었다

살구꽃밭에서

버스는 먼 길을 달려와
살구꽃이 피어 있는 그 집 앞에서 멈춘다
우물이 있고 소로가 있고
헐어 내린 지붕이 참 쓸쓸해 보이는 밭이 있다
그 밭 주변의 세상에는
지조 있게 오직 한 소리만 몰고 다니는 까치가 산다

주인은 부질없이 고함을 곧잘 지르고
까치는 시나브로 그 밭의 꽃가지에 똥오줌을 싸가며
외로움이 덕지덕지 붙은
담벼락 휜 길을 냅다 달린다

한낮 꽃 위에 앉아 향기를 소리로 바꾸어 다는 벌들의 행렬을
은은히 굴리며 새우울음이었다가 고래울음이었다가
컸다가 작았다가
내 앞에서 그 소리가 갑자기 딱 멈추는데,
그건 마치 통보도 없이 한 영혼을 한순간 거두는 것

같았다
　사람의 목숨과 까치의 목소리가 한통속이 된

4월 4일*, 오늘은 보름달이 지구 뒤로
12분간 숨는 날
뭔가를 듣지 않으면 머리가 탈 날 것 같은
나무들의 수담手談을 엿듣는다

지나온 날들을 썩 잘 기억하는
담장밖 경經,
나는 이곳에 와서 한 여자가 달 속으로 숨는 걸 본다

*2015년 4월 4일은 개기월식이 일어난 날임.

자목련 紫木蓮

내 의지와 상관없이
누가 저 하늘을 향해 등을 떠미느냐, 라고
외치는 꽃이 있다

생각 하나가 몸 밖에 쓸려나가고
또 다른 생각 하나가 몸 안으로 찾아들면서, 걸려 지면서
꽃봉오리 속
비문飛紋이 심한 나무는 빛의 문장을 만들어
가지 끝의 세상에 일심으로 내보낸다

무엇이 빛의 문장이 되는 연유인지 모르나
발버둥 치는 오늘이 미치도록 붉다
이른 봄날 수면에 몸을 부딪치는 물새처럼
부딪치는 소리가 제법 요란하여 그 곁의 버들의 세상도 환하다

삼월을 보내며

꽃은 여기에 있었고 바람은 거기에 있었는데,
첫사랑이었거나 아내였거나
아무튼 내가 기억하는 여자의 빨간 입술을 닮은 여자
가 지나간다

꽃 속에
하늘이 들어와 앉은 자리, 사월이었다

밥맛에 대하여

살 날의 일을 생각하며
시를 쓴다는 건 행복한 일이다

당신 곁의 오래된 의자,
이 의자에
이승의 나를 앉혀놓고 밥도 짓고 국도 끓이고
밥상을 채우는 일로 즐거움을 만들고 희망도 두엇 따 오고
이것저것을 문장으로 엮는 동안
밥상 위는 온통 당신이 하신 말씀이 강물 속 달빛 마냥 환히 밝히고 있었나니

축복의 그물로 건져 올린
싱싱한 전어傳語 떼,
저 전어들을
시의 화덕에 구워 먹으면 맛나리

밥맛 잃은 일이 자주 생기는 요즘,

그러면 스치는 바람에도 밥맛이 나고 지는 낙엽에도 밥맛이 나고 떠가는 구름에도 밥맛이 나고 벌레 소리에도 밥맛이 나고 생각 없이 걷는 먼 길에도 밥맛이 나고 슬픔 많은 나무에도 밥맛이 나고

아, 이렇게 마구잡이로 밥맛이 나고

초승달

슬픈 기억이 많은 당신의 옛길을 걷는다는 것은
짠하고 멋쩍다

그러므로 묻는다
살만하던가요?

이즈음에 와서 떠오르는 일이지만
당신은 항상 눈물이 기쁨의 얼굴인 양 잘도 흘러서
울고 있어도 그 얼굴을
한 번도 들킨 적이 없었으니

그 모습은 마치 우물 속을 들여다보며
애써 뭔가를 잊으려는 듯
한 잎 한 잎 비우는
우물가의 감나무였나니,
어머니였나니

찰랑, 두레박이 들어 올린

비밀한 책 한 권

한평생 사는 것이
이렇듯 가도 가도 모를 눈물로 가득한

형님 기일忌日

슬픔은 풍경을 어눌하게 해서 사람의 눈을 훔친다

장마가 그치고 배롱나무꽃 가지가 가리키는 곳을 따라
한 발 두 발 옮기다 보면
하늘에 둥둥 떠다니는 슬픔의 집 한 채

떠난 자의 추억 위에 집을 짓는 새가
그 주위를 다섯 바퀴인가 여섯 바퀴인가 맴돌다가
슬며시 사라진다

배롱나무꽃 피고 새 울음 멈추고
배롱나무꽃 피고 새 울음 멈추고

그제야 생각을 돌려
하늘 속 깊이 손을 넣어 당신의 자취를 끄집어낸다

꽃 속에 당신이 돌아왔음을 안다

동지冬至

신발을 들고 들어오는 저 달까지 내려놓고
윗목에 꼼작하지 아니하고 앉아 있는 귀신 한 분
이 동네의 3대, 혹은
4대쯤 되어 보이는 무덤 주인으로
세월은 흘렀지만
이 동네 애들의 담력이 어떠한지
그걸 시험해볼 요량으로
이게 궁금한 건지, 저게 심심한 건지, 사랑방 아이들의
눈망울에 열심히 들랑거리더니
드디어 애들을 꼬드겨 눈 덮인 뒷산 공동묘지로 내몬다
발목까지 푹푹 빠진
그 밤이 우라지게 길고 즐거운 밤,
아이 몇은 오줌을 바지에 절여서 돌아오고
몇몇은 옆길로 웃으며 새고

가방뜰, 그 집

'당신이 계셔서 참 행복했었습니다.
감사했고요,
항상 건강하십시오.'
꼭 이렇게 말하고 싶었는데…

고옥古屋이 내는
가래 끓는 소리가
마당에 가득한가 싶더니,
산수유 꽃이 바쁘다

이른 봄인데도
산수유 꽃이 앞서 지기도 하거니와,
져서 빈자리에는
비어있는 만큼의 산수유가
길 떠난 손님마냥 주섬주섬 피고 있었다

야반도주夜半逃走,
장형長兄은 입영 열차를 타고

정든 집을
열아홉 나이에 이렇게 비워냈다

고향 집

갈까 말까 갈까 말까 망설이다 돌아서며
쳐다본 하늘이 너였다
밥을 먹다 말고 슬며시 내려놓은 수저가 너였다
꽃향기를 맡다가 까닭 없이 흘렸던 눈물이 너였다
전자 담뱃불처럼 빨갛게 타올랐다가
순간 지는 석양이 너였다
그렇게 그냥 문득 와버렸거나 보내졌거나
잊혀졌거나 잃어버렸거나
돌아보니 손톱 밑에 박힌 가시가 너였다

혼자 웃다

비 개인 집 앞 물웅덩이에
맑은 하늘이 들어와 산다

어제는 십 리를 걸어 비에 젖은 산을 데려오고,
오늘은 오 리를 걸어 안개 덮인 산을 데려온다

바람 몇 점이
배롱나무 꽃가지를 머리에 꽂고
조심조심 머물다 간다

집 앞까지 드리운
짙푸른 산 그림자, 산 그림자
물웅덩이에 넣어두고
오고 가는 물잠자리의
발을 씻어주더니,
웃어 쌓는 마을 아낙의 웃음소리를
놓고 간다

손을 흔드는 바쁜 팔월의 얼굴이 불쑥

풍경이 된 말들

단풍은 불어오는 바람에 슬픔을 배워

산 등 하나에 올라
손을 흔들고

또 산 등 하나에 올라
손을 흔든다

그러면 산 그림자 길게 닿은 맑은 강여울에서
그 모습을 받아 들고
나의 친구, 물총새는 붉나무 가지에 앉아
물속을 들여다보며
그 모습을 흉내 내어 보는데

그 지점 부근에서
강물의 낯짝을 찢고 하늘로 치솟는
버들치 한 무리

구름 위일까, 구름 아래일까

입에 죽음을 물고
그 오래 외로웠다, 하는 하늘에
문득 든다

반쯤 읽은 책

처서 지나고
매미울음이 갑자기 뚝 그친 미루나무 가지에
무덤 하나 보였다

남루한 옷 한 벌 벗어놓고
먼길 떠난 당신

하늘 이쪽에서
하늘 저쪽으로 쭈―욱 난 길

먼 옛날부터
그 길엔
사랑 하나 주면 안 잡아먹지, 라고
우겨대는
여우 한 마리 들어섰다

나는 한 생을 그녀와 함께 살았어도
그녀를 다 읽지 못했다

III.

능소화, 그 집

염천의 팔월에도 꽃은 피고 있었다
실패가 유독 많은 당신의
젊은 날의 길을 무념무념 따라가 보는 이 하루로부터
희거나 허한, 혹은 붉거나 허한
꽃잎이 너무 투박해서 꽃 같지 않은 꽃들이
줄을 지어가며 담 아래로 걸어 나와 담벽에 전시를 하지만
그것을 알아보는 이는 드물다
그곳엔 잘 익은 슬픔이 있고 오래된 희망이 있고
가끔 이웃집 창으로부터 고옥한 눈빛을 전해 받은 낡은 눈물창고가 있다
그것들이 꽃을 키우고 있었다
날이 너무 뜨거워 팽나무 그늘이 더 넓게 보이는 곳에서
명한 기억을 슬금슬금 뒤로 물리며 무심한 척하지만
골목 담벽에 걸려 있는 풍경을 되돌려보면
그때나 지금이나 눈물 한 가마니를 슬픔의 지게에 지고 서 있는
당신이 보인다

염천을 가득 메운,
실상은 보이지 않고 허상만 떠다니는 그 허상을 따라
당신은 여전히
첫사랑의 그 여자는 가슴으로 삼고
늙어서 보이지 않는 안쓰러운 그 여자는 눈 밖으로 내보내고 있다

추억은 언제나 그리움이 파놓은 함정,
그 함정 속으로 빠져드는 꽃, 능소화

꽃은 하늘을 향한 눈물이었다.
그런 눈물이 허락 없이
사랑이 되어달라고 떼를 쓰고 있다

단풍학교

당신을 기다리며 턱을 괴고 앉아 있는 나를 참 오랫동안 바라보는 나무가 있다
내 몸을 한 장 한 장 넘기며
'이가 많이 상했어요. 어떻게 참고 지냈는지 참 대단해요.
눈은 양쪽 다 백내장이네요. 보이는 세상이 뿌우연 하니 안개꽃을 달았구요.
코는 비염이 된 지 꽤 오래되었네요.
목은 만성 기관지염이라 고생이 심했겠어요.
허리는 디스크와 협착증이 함께 들어서 버려 그 저림증이 다리와 발목과 엉덩이로 뻗쳤네요.'
라고 하면서
나무는 내 몸 구석구석에 밑줄을 치고 주서注書를 달고서
나에 대한 소견을 짤막한 기록으로 남긴다
오래된 병력病歷 뿐 아니라 슬픈 신상까지 파악하여 가여운 내 몸을
숲의 힐링 책장에 꽂아놓는다
이렇게까지라도 해서
낡고 닳은 노후화된 내 몸에 활기를 불어넣을 참이다

시간이 지나면 언제 그랬느냐는 듯이 툴툴 털고 일어서겠지만,
　당장은 나무와 내가
　아련히, 참 아련히 시간을 뛰어넘어
　서로의 마음을 흔들고 있다는 사실을 숨기고
　잎을 더 크게 더 붉게 태운다

　숲속의 학교에서 나무가 내뱉는 수천수만의 말들,
　저 말들을 하늘 저울대에 올려놓으니
　시월의 한 줄기 맑은 바람에 수평을 이룬다
　이 신주단지를 놓고 싶지 않다

손님

까마득히 잊었던 감나무가
돌담의 등을 밀며 그려 넣었던 소망을 만난다
불행의 열차를 타고 내렸던 것들이 선의의 일로 바꿔어지면서
청복淸福이 나뭇가지 끝에서 보인다
내 앞에서 보석처럼 피는 꽃에게 함부로 하지 못하게
오래 묵은 그림자가 걸어다닌다

내가 걸어야 할 길을 앞서 걸으며
감나무 꽃가지 이슬에 들어앉은 팔만대장경을 궁굴리며
언뜻언뜻 내비치는 어린 부처

살아보겠다, 살아보겠다, 꿈틀대는 생명의 눈을 보았다
꽃 속에 잠든 나비를 보았다
무성한 잎 사이에서 잠든 아기 열매를 보았다
그녀의 환한 얼굴을 보았다

여기에는 높은 담이 들어있다

넘지 말아야 할 담을 대신해 천 개의 태양이 열려있다

얄궂은 귀신 하나가 내 집으로 이사해와 지금껏 잘살고 있는지
기웃거리고 있다

자작이 보이는 빗물 정원

술을 마시다가 슬쩍 단풍에 껴놓은 옛사랑을 꺼내
동무처럼 대작하는 동안 비가 내린다

산마을 주점에 앉아
먼먼 기억이 단풍이 벌이는 작은 축제에 동참하면서
마음이 끓어오르면서
몸은 늙었으면서도 생기가 돈다

그 생기가 바람을 잡아
빨갛게 물든 단풍을 몰고 다니는데,
저걸 바라보는 나의 눈은 여전히 통속적이어서
옷을 벗고 저돌적으로 달려드는
미인의 목을 닮은 흰빛 자작에 대해 일희일비一喜一悲한다

비 젖은 단풍은 더 섹시하고
백옥 같은, 아 백옥 같은 흰 목에 어울린 진주목걸이를
나는 여인의 목에 걸어놓고 있다
수줍은 듯 얼굴 붉히는 자작

어찌할 것인가, 어찌할 것인가 나 홀로 긴장하며
침묵에 빠져드는데,
갑자기 까르르 터져 나오는 웃음이 숲을 뒤흔든다

산속의 오후는 마흔을 갓 넘은 여인의 수다 같다
그 수다가 꽤 오랫동안 머물다 간다

혼자여서 아프다고 소리 지르는 빗방울, 빗속에
내가 들어 앉아있다

어떤 궁리

나이 들어 귀가 호강한다는 것은 행운이다

욕을 많이 얻어먹어야 장수한다는 오로지 옛 점쟁이의
이 한마디의 말만 믿고서
하늘의 말씀인 이 욕을
얻어먹을 궁리만 하며 이리 생각, 저리 생각

한해가 가면서 또 한해가 오면서
내가 즐겨 다니는 앞산 산보길
아직도 단풍을 거둘 줄을 모르는 단풍나무한테 욕먹고
그 나뭇가지에 바짝 붙어 바스락 소리만 낼 줄 아는
마른 잎한테 욕먹고
둥근 잎들을 돌돌 말아들고 나무 밑동에 붙어 겨울을 나는
딱정벌레*한테 욕먹고
그런 집을 기웃거리는 햇살이나 바람한테 욕먹고

---

* 그런데 이 벌레가 딱정벌레인지는 분명치 않다

그런 숲속을 가끔씩 찾아와
할 일 없이 떼를 쓰는 새소리한테 욕먹고

그러면 귀가 근질 마음이 근질
이리하여 끊길 듯 끊길 듯 목숨 이어가는
명줄 긴 당신의 사람이 되나니,
한겨울의 시詩가 되나니

허깨비가 사는 집

철조망에 묶여 가지를 겨우 뻗어 내민 장미꽃 한 송이가
흙담집을 물들여가며 펼쳐 보이는 것은
낡고 삭아 곧 무너질 듯한 오래된 집의 텃밭에서
잠시 허리를 펴며
허공으로 뿜어내는 초록 경전의 봄빛을 즐기는 당신이
여전히 계시기 때문이다
마루에 앉아 보이는 하늘에 아른아른 건너오는 얼굴,
장미꽃 한 송이를 꺾어 집에서 기다리는 아내에게
바쳤던 귀한 이야기 한 소절쯤
들어 있을 법한 바구니를 들고 상추를 뜯다 말고 앞산을 보면,
노루 새끼 드나들 때 고개가 살짝 숙어질 만한 높이로
일렁이는 억새와
그 억새 위로 나는 물까치 몇 마리와
어미 품에서 기어 나와 처음으로 제 부리로 먹이를 쪼아 먹는
꿩 가족 풍경이 보인다
그 사이에 그녀의 무덤이 산다

떠나고 싶어도 떠나지 못하는 이 집은
이미 허깨비의 집이다

허깨비가 기르는 장미꽃 속엔
수만의 하늘과
수만의 별과
수만의 기도가 들어와 산다

옛 얼굴

국화꽃 지고 흰 눈 내리고 다시 봄이 와서는
 노란 산수유꽃이 노랗게 미친 듯이 정신 속을 휘젓고 돌아다니더니
 당신이 보였다

깊은 계곡 얼음장 밑에서 나는 소리가
십 리를 흘러내려
빨래 두드리는 그 옛날 당신의 흰 손을 꼬옥 잡고
보고 싶다, 보고 싶다, 중얼거리고 있었다

꽤 오랫동안 참 쓸쓸히 여울을 이루고
가끔씩 달도 키우고
해도 키우고
강도 키우고
그러다 못마땅하면 땅바닥에 내동댕이친다

한 남자의 그리움이

쨍그랑, 하고 깨진 소리

그의 기억 속엔 이 소리가 수북하다

겨울 산책

 겨울인데도 바싹 마른 잎을 털어내지 못하고 욕처럼 달고 사는 단풍나무 아래에서 방울새 소리를 듣는다

 어제의 적단풍의 아름다운 풍광은 온데간데없고 그 자리에 방울새의 떼 소리가 머물고 있어 그 소릴 듣다 보니 이제는 보는 풍광보다 듣는 풍광이 더 친밀감이 더해져 소리가 익는 쪽으로 발길이 앞선다

 바삭바삭 방울 소리를 긁어모으는 산은 지금 소리 화로에 불을 지피고 있는 중이다 나무에서 새에게로 옮겨와 붉은 소리 화로에 떨어지는 소리 방울에 귀를 기울인다

 한때 이름 있는 산속 전경全景이 예를 갖추어 한 발 한 발 조심스럽게 걸어와 온 숲을 소리 선정禪定에 파묻히게 만들고 있다

 먼먼 기억으로 치자면 어느 늦둥이 소리꾼이 소리를

얻은 다음 자신도 모르게 하늘에 대고 중얼거리던 말, 아마 이런 말이 흘러 다닐 것이다

  방울새의 목에서 굴러 나오는 방울이 참 예쁘고 격조 있게 소리를 낸 것이다
  거치나 예스러워
  그 누구도 거부하지 않는다

  그래서 사람들은 덕음봉* 중턱인 이쯤에서 자신도 모르게 뭔가를 생각해야만 하는 의무를 진다
  이 생각이든 저 생각이든

  내 몸에서 방울 소리가 들려와도 놀라지 않으리

* 덕음봉 : 남원 양림관광단지 내의 산봉우리.

꽃과 나비

노란 황국밭에 빨간 양귀비꽃 한 송이가 피어 있다

꽃 아래에 길게 누운 그림자,
쓸쓸하지만 저 그림자는 그대가 찍은 그대의 영혼 사진
나비가 날개를 펄럭인다

노란 꽃과 흰 나비와의 거리,
저 거리가 왠지 불안하다

생生과 사死의
먼 거리처럼
빨간 양귀비꽃에 취해 그림자 하나가 흔들거린다

흔들거릴수록
미동 없는 저 꽃을, 저 꽃을 누군가는
우주처럼 끌어안고 산다

잘 익은 어둠처럼 별이 반짝거리는

어떤 우화羽化

왕잠자리의 허물이 물푸레나무를 끌어안고 있다
왕잠자리가 온 힘을 다해
젖은 날개를 펴서 허공으로 날아간 뒤,
나무에 벗어놓은 허물은 마른 손끝에 힘이 다 빠져나갈 때까지
나무를 붙들고 있다가
어느 센 바람에 빈 몸을 슬쩍 태워 보내고 있다

그러면 끝인 것이다
왕잠자리는 왕잠자리대로 허물은 허물대로
어느 선지善地에서
무의지 하나로
자유가 내주는 길로 나아가고 있는 것이다

물속 세상에 드리운 하늘 정원
나는 나뭇가지에 남루한 옷 한 벌 걸어놓고 먼 길을 떠난 한 사람을 떠올려 보았다

동박새 동행

무릎을 다친 이후부터 느릿느릿 산보를 한다
느린 걸음으로 게으름 피우는 당신의 목소리를 불러들이고
그 소리를 감나무의 그늘에 묻어두고서
오늘은 무슨 노래일까, 내일은 무슨 노래일까 기다려 보는 것도
꽤 괜찮은 일이 아닐까 여기다가
그늘을 뚫고 나오는 귀여운 감꽃을 보고 웃기로 했다
그 꽃 속으로 칠순이 멀지 않은 아내가 다녀가고
아내의 딸이 다녀가고 아들이 다녀가고
깨복쟁이 손주 두 놈이 다녀가고…
이런 것들만 보고 살아도 눈치 없이 배가 불렀다
웃음 속에 눈물이 들어있는 날이 잦았던 아내가
시집올 때 들고 온 재봉틀로
옷을 꿰매며 내는 소리가 40년 넘게 들려왔다
슬픔을 박는 소리였다
귀 닫고 눈 닫고 사는지 꽤 되었지만
불우는 쉬이 벗어나지 못했다

아내는 모른 척해도
나는 적절한 행복을 사재기해두어야 했다

떠 있는 의자

몇 평 남짓 텃밭에 이랑을 만들고
씨앗 뿌려 배추를 길렀더니
그 밭에 뜻하지 않게 손님이 찾아들었다
배추가 제법 포기를 이루어 가는 중인데
진딧물이 푸르디푸른 여린 잎의 응달 잎에 덕지덕지 쳐들어와
숭숭 구멍을 뚫어 놓고선
그동안 키우는 나의 재미를 한순간에 뭉개버리고 말았다
나는 어이가 없어 체 구멍 같은 그 구멍들을 멍하니 바라보고 있는데, 넋 놓고 있는데
그 구멍 속으로 스멀스멀 기어들어 오는 것이 있었다
한 끼니의 밥을 위해 일거리만 있으면
나도 좀 먹고살자, 라고
악을 쓰고 덤벼들던 먼 옛적 젊은 날의 우울,
거기엔 구멍 숭숭 뚫린 꿈과 가난이 산다
제 몸에 구멍을 뚫고 살아온 날들처럼
눈물을 꾹꾹 눌러 삼켰던 한 사내의 추억담이

배추밭에 쌓인 작은 미물의 소환을 거부하지 못하고
그저 스쳐 지나갈 뿐인
의자에 조용히 내려와 앉는다

감나무, 불편한 책

멀리서 보면 한 권의 책으로 보이는 저
감나무로부터 멀리 왔다
저 나무는 스스로를 알아 해를 내고,
스스로를 알아 달을 내고, 스스로를 알아 열매를 맺는다
그러나 나는 여전히 스스로를 알지 못해
이 산 저 산, 이 길 저 길을 헤매고 다닌다
저 나무는 제가 사는 산을 벗어나지 않아도 제가 사는 이치를
한 번도 벗어나는 일이 없이 살고 있지만,
나는 황금 문장이 북적거리는 시월의 달빛 속을 헤매어도
한 줄 문장에 목을 매는
제가 사는 이치 하나 제대로 얻지 못한다
가까이 있으면서도 얻지 못하면서, 그것에 목매달면서
때마침 가을이라 죽음을 헌정하는
한 권의 나무속으로 뛰어든다
나의 가슴엔 울퉁불퉁한 세상을 닮은 떫은 대봉이 가득하다
사사건건 불편한 책이 되어야 한다고,

그렇게 되어야 한다고
그동안 함께 살았던 모든 떫음을 기록한다
떫음이 익어 홍시처럼
저 깊은 마음의 바닥으로부터 썩어 문드러져야
새로운 하늘을 갖는다고 생각한다
떫으면 떫다고 말하는 저것을
맑은 바람에 고와서, 오랫동안 고와서 상책으로 삼는다

팽나무와 들 이야기

구암뜰 앞의 팽나무는
그늘이 스무 평 남짓이 되므로
찾아오는 이가 많다

나무만 보아서는
나무의 그늘이 무슨 노릇이나 할 수 있겠나 싶지만,
가까이 가보면
그늘 드리운 목 좋은 자리엔
말솜씨가 좋은 이야기꾼이 한둘은 꼭 있어
주변을 울렸다 웃겼다 하는데,
그래서 그늘이 하는 일을 종일 지켜보고 있노라면
이야기 밭을 가는 사람의 소리가
매미의 울음소리보다 크다

꾸부정하게 앉은 농꾼 김 씨,
그의 수다스러운 행동거지가 나무를 닮았다
노구老軀이면서 고생을 많이 한 탓에
겉보기엔 볼품이 없었지만,

그러나 사람을 웃기는 말재주 하나는 명품이었다
백주 대낮에
모른 척 자신의 이야기를 꾸며 새로운 이야기로
재탄생 시키는데,
 그 이야기에 따라 그늘도 몸집을 불리거나 줄이곤 하였다

한낮인데도
그늘을 만들기 위해
들 가운데로 걸어 들어가는 사람이 보였다

뒷모습이 나무처럼 환했다

살구꽃 이야기

살구꽃이 활짝 핀 살구나무에서
새가 사납게 짖어댄다

도둑이라도 드는 걸까
이 집주인의 전前남편이라도 다녀간 걸까

꽃이 웃고 딸꾹질 한 번 하고,
꽃이 웃고 딸꾹질 한 번 하고

생각건대 이 동네 터줏대감인 직박구리는
아마도 사흘은
계속 짖어댈 것이다

살구꽃 속에
살구가 다녀가는 걸
새는 알아차린 것이다

IV.

건망증健忘症

자주 나를 잃어버린다
매일 타던 기차를 놓쳐 잃어버리기도 하고
급하게 뛰어든 한 평 남짓
공중변소의 변기통에 몸을 싣자마자 잃어버리기도 하고
오래된 친구의 뜬금없는 부도
뒤에 들려오는 그의 봄바람에 잃어버리기도 하고
이 골목 저 골목 낙화 깊은 곳에서
죽음과 유관한 술병이 피었다 지는
내 나이 또래의
눈빛에 잃어버리기도 하고

자주 나를 잃어버린다
어제도 잃어버리고 오늘도 잃어버린다
내일도 잃어버릴 것이다
잃어버리므로 해서 살 만큼 산 나는
조금씩 지워져 간다
내가 없으므로 너는 존재한다

나는 지금 우주로 사라져 가고 있는 것이다
나를 잃어버린 것이라면
누군가가 나를 얻는 것이 아닌가?

봄눈

삶이 팍팍하면 정신을 놓아버릴 만큼 폭음을 해서
자신을 흔들어 깨워보는 것처럼
나무들도 지금
나뭇가지를 천방지축 뛰어다니는 꽃봉오리를 잡고
얼렸다 녹였다
얼렸다 녹였다
몇 번이고 그 짓을 반복하고 있다

하루에도 수십 번 내 목숨을 꿰뚫고 간 너를 본다
그 흔적들이
얼음을 입에 물린 꽃봉오리처럼
생의 가지에 널려 있다

나뭇가지에 잠시 내렸다 사라지는 눈

새해 첫날

새해 첫날
아내와 손을 잡고 산에 올랐지요

고생만 밥 먹듯이 해온 아내는
빌 바가 많아서인지
돌 제단 앞에 나아가
열심히 기도를 드렸는데

그 모습이 진지하기도 하거니와 너무 애처로워
그걸 바라보고 있자니
지나온 나의 삶이 무한량 부끄럽기도 하구
은근히는 처량해지기까지 하여
그만 눈물이 핑 돌고 말았지요

그래서 나도 보고만 있어서는 안되겠다 싶어
잘생긴 돌 하나 올려놓고
황금이 되어달라고 빌었지요
막무가내 빌었지요

한눈을 팔며 와보니

사람만 한 흉기가 어디 있으랴, 라고
저녁 일곱 시,
TV 속을 빠져나가는
비인간적인 인간들의 뒷모습을 보면서
비분강개하다가도,
그걸 골똘히, 너무 길게 생각한 나머지 한눈을 팔다가
그만 그것과는 무관한 곳에서
무관한 생각을 하고 있는 나를 만난다

가령 너는 이제 꽃 필 일 없겠다, 라고 철쭉의
마른 가지를 톡톡 부러뜨리고 가는 불 지핀 살구꽃의 뒤를
죽자 따라가선
다른 여자와 눈 맞아 덥석 애 낳고 살아 버린,
우리 집,
아무 일 아닌 것이 아무 일 되어버린
희한한 사랑이었다

돌아보면 나는
길을 가다가 곧잘 길을 잃어버렸다

해찰하면서 와보니 시인이 되어 있었다

눈 아프고 사흘

시력을 잃어버리자
곧장 세상이 끝난 줄 알았다
탈 없이 살아오다 문득
이런 화액(禍厄)을 만나고 보니
건강한 눈과
그 눈빛이
지금껏 모은 전 재산 같다
그러나 다행이다
시력이 빠져나간 자리에 새로운 눈이 들어와
소중한 보배 노릇을 한다
귀의 눈,
코의 눈,
손발의 눈
아, 오랫동안 사랑을 나눈 마음속 그 눈까지
말하자면 몸의 곳곳에
쓸모없이 버려졌거나 방치해 둔 눈들이
고맙게도 작동을 시작한 거다

보이지 않음으로
몸 전체가 서늘한 울음통筒인 고요의 광기가 편안하다
보이지 않음으로
내 옆을 스치고 지나간 도둑괭이의 발걸음이 사뿐하다
보이지 않음으로
무심히 지나쳤던 개울물이
물새와 물새알의 맑은 소란을 기르는 게 보인다

멍한, 멍청한

이 하루만은 어디론가 가긴 가야겠다
하루에 댓 번씩 약을 챙겨 먹는
나날의 이 무모無謀와
약에 취해 이마까지
쌓여 가는 멍청한 정신을 버리지 아니하고선
가을이 와도 저 푸른 하늘은
내 무릎까지 내려올 것 같지는 않고
그렇다고 텅텅 비어 가는 뼛속 하늘로부터
때늦은 봄이 다시 시작되어
아릿한 늑골 근처가
이팔청춘처럼 간질간질할지는 만무하고

오늘은 나와 가끔 뒹굴고 놀며
나더러 할아찌 라고 부르는
네 살짜리 큰집 외손녀 예인이의 손에 아무렇게나 맡겨
들로 강으로 동물원으로 쏘다니다가
그 아이의 천진天眞이 그려내는 해이며 달이며
아무튼 호젓한 산속 토끼가 사는 그런 곳간이나,

푸른 하늘이라고 이마에 써 붙인
옹달샘 속에라도 들어가
이 하루만이라도
깬 영혼으로 하루를 일 년처럼 살아보았으면

요즘 나는

맹물에 밥 말아 먹고 억지로 피 돌리고 사는
요즘 나는
사막의 아프리카인지, 이라크인지
아무튼 세상의
이쪽저쪽에서 날아온 천사들의 돌을 맞고 산다
다행히 죽지 않고 피 멍든 몸으로
어느 쪽의 돌이 덜 아픈지 고민 중이다

십 년 남짓 내 책상에 앉아
꽃 없는 꽃 마냥
으시딱딱, 속내를 한 번도 꺼내 본 적이 없는
늙은 춘란처럼

밥 사냥

무언가 열심히 나의 밥이 되어 왔다
살찐 몸,
살찐 생각
이 단순한 삶의 방식이
말랐지만 용광로처럼 펄펄 끓는
가엾은 영혼 하날 건사시키기 위해
긴 세월 목숨의
동냥 노릇을 마다하지 않았다

내 몸이 무기였다
일할 시간 누군가가 세상 속으로
"시인 입장!"
이라고 외치면
"인간 올빼미, 밥 사냥 준비 끝!"
이라고
알아서 몸이 복창하였다

건천乾川에서

흰 모래알 사각사각 메마른 강바닥을
몇 번인가 흐르다 멈추고 멈추다 흐르던 물길 하나가
드디어 그 길을 제대로 잡았나 싶다가
봄비 내리고 난 뒤 불쑥
그 물길을 다른 곳으로 트는 것이 보였다
요동치는 물살,
저 물결이 한때 이 땅의 전부였던

나는 지금 앞서간 물줄기가 허물처럼 남겨놓은
그 강바닥을 조심스레 흐르는 또 한 줄기의 물길을 보고 있다
오늘도 벚꽃, 내일도 벚꽃
한 이름 한 생각만으로 줄창 피었다가
잘못 왔다는 듯이 후드득 지는 벚꽃처럼,
그 분분한 낙화처럼
건천乾川에서 더는 강물이 되지 못하고
가던 길 뚝 멈추고 소금쟁이 몇 마리 무릎에 앉히고서
점잖이는 물웅덩이 물 노릇에 여념이 없다

그렇게 세월을 죽이고 사는 게
어쩌면 상책이라고,
그렇게라도 살다 갈 요량으로 마음을 다스리면
별 탈이 없을 거라고

요즘처럼 봄 가뭄 사람 가뭄이 계속되는 즈음엔
저런 웅덩이 물 같은 사람도 딴은 귀히 느껴졌다

환치|換置

가을이 와서 사랑을 버렸다, 라고 신이辛夷는 쓴다
사랑을 버리니 가을이 왔다, 라고 나는 쓴다
무엇이 서로 다른가?

나는 한 달여 동안 여기까지밖에 못 쓰고
전전긍긍 애꿎은 담배만 줄창 태워대다가
매번 그 원고를 구겨
쓰레기통에 버리는 궁상을 떨었다

그런 초겨울날,
가느다란 나뭇가지 사이로
두리번두리번
노란 꽃이 고개를 내민 것이 보였다
신이화辛夷花였다

다행이었다, 이 추운 날
부질없는 짓이지만,
사랑이 와서 가을을 버렸다, 라고 신이辛夷는 고쳐 썼고

가을을 버리니 사랑이 왔다, 라고 나도 덩달아 고쳐 썼다
무엇이 서로 다른가?

아버지, 그 이름의 끝

벽지 속에 감춰진
금 간 벽처럼
용케 잘 버티어 왔구나

아들딸 잘 건사하여 아비 노릇을 다하고
그제야 시름없이 편안한 마음이 되어선
비로소 뼛속까지
환히 드러내 보이는 나의 몸이여

줄줄이
금이 가고,
벗겨지고,
부서지고

마치 어디서 날아와 박힌지 모르는
고통의 총알을
몸속 깊숙이 박아놓은 채
아무렇지 않게

꽃 피우고 잎 내고 살아온 나무처럼

아, 비 그친 뒤
잔잔한 물결 우로
일시에
두런두런 밀려드는 오래된 통증이여

책 읽기

나는 독서 중이다
세상에서 하나밖에 없는 희귀본을 들고
가장 오래된,
가장 긴 독서를 하고 있다
날마다 삼매경에 빠져 즐거워하기도 하고
허탈에 잠기기도 하면서,
때와 장소에 개의치 않고 책 읽기에 몰두하고 있다
가끔은 이 귀한 책을 누가 훔쳐 가지 않을까 걱정이 되어
마음을 조아려보기도 하지만,
다행히는 아직까지 이 책을 잃어본 적이 없다

아내를 만나
하루도 거르지 않고 꾸준히 아내를 읽고 있다
거실의 소파에서,
잠자리에서,
월급봉투를 내밀면서,
혹은 커피 한 잔을 들고 무심히 차창 밖을 바라보면서
그녀가 쏟아내는 수많은 말을 읽는다

눈빛을 읽는다
생각을 읽는다
행동을 읽는다
끊임없이 꿈결이듯 앞머리를 스치고 지나가는 바람처럼
자잘자잘 살아 움직이는 책,
글자가 얼굴이고 입이고 다 붙어 있는

오늘 밤은 밤 길이가 가장 길다는 동지,
별도 달도 없는 밤에 눈빛만 초롱초롱
나는 잠이 없어 아내를 읽는다
심심해서 책을 읽는다

V.

지진 地震

강변의 산수유 밭을 걷다 보니
땅이 흔들린다
서 있는 내 발이 흔들리고
눈이 흔들리고
가슴이 먹먹히 흔들린다

조용하기만 하던 나무가 흔드는 것이다
무수한 꽃들이 겨울 나뭇가지 속을 걸어 다니다가
사타구니 밖으로 터져 나오면서
그 나무들이 일시에 끙, 하고 힘을 써 보는 것이다
봄이 왔단 것이다

나는 지금 나를 뒤흔드는 진원지의 한가운데에 서 있다
그렇게 때를 맞춰 인생의 부활을 꿈꾸고 있다
그 흔들림 속에서 오장육부를 뒤흔들며
무력하게 보내온 날들이 노랗게 질리도록
내 몸속에 진도 10의 강진 強震을 일으키는 중이다

거짓말처럼
내 인생에도 봄이 왔단 것이다

다시 수락폭포에서

제 영혼을 처절하리만치
바위에 부딪혀
깨져 부서지고 난 뒤라야
애절이는 맑은 햇살에 더 반짝거리는 물결처럼,
내 눈앞에서 저 폭포는
이승에 다시없을 아름다운 풍경을 빚어
그걸 다시 제 몸의 살갗에 담아
세상 사람들에게 한 됫박씩 퍼주고 있구나
퍼주어 가며 사람들에게 한 마디씩
뭐라 하긴 하는데,
알 수 없어라, 떨어지는 물에 한참 동안
두들겨 맞고 물 밖에 나왔을 땐
세상이 갑자기
환해지고 얼얼하다는 것뿐!

별에 관한 명상

하늘엔
사람을 사랑한 상처 자국이 있다

그 흉터를 보고
우린 날마다 반성문을 쓴다
그러면서 묻는다

얼마를 더 괴로워해야
사람이 상처가 되지 않느냐

기미

봄날 내 몸에 꽃이 피었다
나의 봄은 이미 끝난 줄 알았는데
고맙게도 싱싱한 꽃 대신
황금 동상에나 있을 법한 우담바라,
그 녹의 꽃이 핀 것이다
말하자면 나의 낡은 노구老軀에
꼭 맞는 신품종의 꽃을 바꾸어 들고
다시 내 몸에 기꺼이 찾아든 셈인데
생태학적 입장으로 보면
지금의 나는
녹의 꽃에 대해 양질의 밭이 된다

늙음이란
사랑이 썩고
말이 썩고
생각이 썩어
부식이 잘 된 땅

나는 지금 썩고 있는 것이다
내 몸에서 냄새가 난다는 건
내 몸이 흙의 살인 것을 저 꽃이 먼저 알고
풍란처럼 향을
마지막처럼 풍겨내고 있는 것이다

옥상옥屋上屋, 그 상처 보기

내 몸에 작은 미물微物이 찾아들었다
닳아빠졌거나 세월의 때를 많이 탄 부위일수록
그에겐 좋은 복토福土가 되었다
한번 기울기 시작한 낡은 육신은
되돌려놓기 어려울 만치 곳곳이 삭아 회복 불능이었고,
그는 그런 곳만을 골라
쉽게 동승하여 잎을 만들고 꽃을 피워
낡은 몸 안에 또 하나의 세상을 만들어 내었다
옥상옥屋上屋,
나에게는 상처가 되지만 그에겐 행복이었다

깊은 상처에는 발버둥 치는 생이 있었다
무언가 꿈틀꿈틀 해낼 것만 같았던 젊음이 지고
그 자리에 잘못 들여놓은 길이 주인 행세를 하는 동안
내 눈 안엔 한 치씩 자란 눈우물이
더는 흐르지 못하고 단내를 풍기곤 하였다
썩으면서 내는 냄새, 모든 향은
익으면서 내는 것이 아니라

썩어 가면서 내는 것임을 알아야 했다
빈 가지에 내려앉은 겨울날의 노을처럼
타오르진 못하고 가만한 바람에도 곧잘 흔들리는,
나는 낙엽 같은 존재였다
그리고 툭, 그 마침표의 끝에 나는 늘 쓰러져 있었다
내 몸엔 지는 가을이 들어 있었다

허무를 굽는 나무

깊은 계곡에서 내는 허무의 소리를 못 듣겠다
잎 다 지고 열매 다 퍼주고
할 일 마친 나무들이 내는 소리, 그 몸속엔
기쁨보다 더한 쓸쓸함이 들어 있다
땅속 깊은 곳에서 길어 올린 맑은 물로
어느 날은 풍요를 짓더니
오늘은 가난한 햇살들을 모아 허무를 굽고 있다
빈 나무 아래 누우면
발밑 그림자를 황금목걸이 마냥 꿰차고 스치는
햇빛 몇 점과 이승에서 맨 처음 터트린
꽃과 그 열매들의 환희 섞인 눈물이 뚝뚝 지면서
아릿한 추억으로 번져 가는 이 고요를 나는 어쩌지 못
한다
슬픔도 닳아 슬픔인 줄 모르고
기쁨도 낡고 삭아 기쁨인 줄 모르는
그저 무한량의 적막전寂寞殿에 들어
허무나 맛나게 씹어볼 뿐

그것만으로도 나는 이미 축복을 받는 몸이다
산 아래 별빛 달빛까지 비껴가는 아주 깜깜한 밤중에
낙엽 덮인 산속을 걷고 있음으로 해서
낙엽 밟힌 소리가
내 인생의 여분의 길처럼
사각사각 희망의 소리를 구워 앞서 들려주는걸
당장은 내 기도에 대한 기꺼운 화답인 것임에야

가을, 그 자유로움을 위하여

시를 써서 무엇하랴
하루에도 몇 번씩 이 물음 같은 따가운 가을 햇살이
아침저녁으로 그 기운을 달리하면서
살이 통통히 차오르는 소리와
살이 삭아서 녹아내리는 소리를
정겹게 번갈아 어울려 내는데,
실상은 그 햇살을 온몸으로 받아내는 곡식들은
성속聖俗을 오가며
경건한 이승의 의식을 치러대느라
하루해가 더없이 짧기만 하구나

풍성한 열매로 남은 것과 빈 몸으로 떠나는
이 일의 둘 사이에서
시방 나는 성聖과 속俗을 버려
거지의 노릇을 하려 하고 있다
애초부터 자유로울 리 없는
그 무엇에 대하여,
사랑이 될 리 없는 강제된 마음에 대하여

탈탈 털어서 잊고, 잃어버리고
천연덕스럽게는
자유로운 빈털털이 거지가 되어버리려는 거다

홍시紅柿

보석처럼
너무 오랫동안 믿다 보니 몸이 썩는다
몸이 썩고,
남는 건 나뭇가지에 걸린
빈 꼭지뿐이다

폭삭, 인생을 도둑 맞았다

처서處暑

밤꽃향을 벗어버릴 때
그 향을 더 또롯이 잊지 않고 사는 것처럼,
밤나무뿐인
저 햇볕 속으로 걸어 들어가
죄를 짓자, 죄를 짓자

몇 생生을 건너
설화說話의 움막 한 채,
너도 그 속에서 도둑질을 해보았느냐?
밥 세 끼를 훔쳐먹어 보았느냐?
그 깊은 골방으로 옛 애인을 몰래 불러들여
못된 짓을
아주 은밀히는 행해 보았느냐?

북향이라 바람 솔솔하여
대자로 누워 못된 생각하기에는 딱히 좋은
뒤안의 밤밭,
두 평 남짓
이 서늘한 툇마루에서

어떤 가려움

손을 돌려 등 긁으려 해도
닿지 않는 그곳,
내 인생의 가려움이
꼭 그쯤에 산다

이런 슬픔이야 괜찮겠지, 했던 시절
그래서 이래저래
참을만할 것 같아 그냥 지나쳐왔던,
따져볼 것도 없이 바보처럼 보아 넘겼던,
그런 까닭에 더 바보가 되지 못한
바로 이런 것,
씁쓸한 것

가려움은 늙음의 한 순서
맨 먼저 이것을 알리기 위해
오늘도 팍팍
나의 야윈 손은 온몸을 긁는다
그러나 아무리 긁어도 시원치 않다

때 묻은 손으론 닿지 않는 곳,
그곳을 이승에선 알 수 없기 때문?
종내는 이도 저도 포기하고
펄펄 끓는 욕탕 속에서 허망한 답을 듣는다
그대여 좀 더 가벼워지시게

원시의 꽃밭

누군가가 나를 허문다
조금씩 허물면서 허물어지면서 그게 자유가 되면서
나는 우스꽝스런 바보가 된다
바보가 되어야 살아내기가 조금은 편한,
그래서 이해利害로 붉게 물든 세상의 눈에 들지 않아도
그 눈의 밖에서
그 중심의 밖에서
나는 편안한 마음으로 아무나 가 닿지 않는
바보들이나 히죽히죽 웃는 웃음을 웃어보거나,
이거저거 다 놓아버린
맑은 샘물 같은 원시의 눈물 속에 푹 빠져 허둥지둥 산다
그보다 더 좋은 것은 나이를 앞당겨
그 옛날 내 할아버지가 무심히 벽에 똥칠을 하며 낄낄대던
아, 그 치매의 진공상태의 행복

기억을 잃은 행복이여
이제야말로 잃은 만큼 가벼워서 나는 웃는다
내가 만난 인간과 인간의 관계가 쳐놓은 벽을 허물고

지붕을 허물고
기둥을 뽑고
마침내 주춧돌까지 뽑아낸 무심無心의 세계,
셈이 사라지고 화해만 남는다
누가 이곳에 원시의 꽃밭이 있음을 알겠는가

아름다운 무지無知

앞산이 뒷산을 붙들고 뭐라 하고
뒷산이 그 뒷산을 붙들고 뭐라 하는데
저희들 끼리끼리 하는 한통속의 말을
나는 도통 알아들을 수 없다
다만, 한마디도 알아들을 수 없는
저들과 섞여
그냥 아무렇지도 않다는 듯이 함께 산다는 게
얼마나 좋으냐

살면서, 이만큼 살아오면서
나무의 말을,
새의 말을,
강의 말을,
풀꽃의 말을,
하다못해 내 앞에서 귀엽게 꼬리를 치고 있는
강아지*의 말을

---

* 나는 이 놈을 쳐다볼 적마다 빨리 자라거라 하며 복날을 손꼽아 헤아리고 있는 중이다.

그대여, 너는 아느냐

알아들을 수 없는 것이 있다는 건
얼마나 다행스러우냐
몰라야 함께 살 수 있고
몰라야 하나가 될 수 있는
이 작은 이치가
너와 너를 아름답게 만들고 있다

차이差異

우리 집 복실이는 제집 놓아두고
마당 깊은 이웃집 꽃밭에서 똥을 싼다
주인에게 빗자루꽁지로 터지기 일쑤이면서도
그때가 되면 무언가에 홀려
꽃들이 똥을 누는 꽃밭에 몰래 들어가
똥을 싼다

벚꽃들이 우수수 지는 봄날엔
하얀 벚꽃똥을 맞으며 똥을 싸더니,
날이 더운 요즘은 능소화의 빨간 꽃똥이 지는 담벼락 아래에서
자세를 바꾸어가며 똥을 싼다
오늘은 채송화 앞에서,
내일은 아마 봉숭아꽃 앞에서 똥을 쌀 것이다

나는 한 번도 좋아하는 꽃 속에서 똥을 누워본 일이 없다
꽃을 좋아하는 것은 매 한 가지이건만

저놈은 꽃과 한 몸이 되어 천복을 누리고
나는 꽃과 한 몸이 되지 못해
그 노릇의 자유를 알지 못한다

개똥과 꽃똥, 그 둘만의 환희

만약 저놈이 시를 쓴다면
나보다 한 수數 위일 거란 생각을 해보았다

| 서평 |

『혼자 웃다』, 그 무위의 하늘 세계

김광원(시인)

1. 물웅덩이에 내려와 사는 맑은 하늘

 시인이 걷는 길은 어떤 길일까. 시인을 처음 꿈꾸던 젊은 시절의 그 마음과 회갑을 한참 지나고 이제 고희를 눈앞에 둔 시인의 마음 사이에는 누구도 알 수 없는 자기만의 희로애락, 그 점철된 여행경로가 놓여 있을 것이다. "아- 나는 잘 살아온 것일까?" 곽진구 시인은 8시집 『혼자 웃다』를 앞에 두고 이런 생각을 떠올려 보았으리라.
 프랑스의 철학자요 작가인 장 그르니에(1898~1971)는 그의 수필 「행운의 섬들」에서 "사람은 자기 자신에게서

도피하기 위해서가 아니라 - 그것은 불가능한 일 - 자기 자신을 되찾기 위하여 여행한다고 할 수 있다."라고 말하면서, 그는 한 달 동안의 여행 끝에 어느 방에서 만난 창밖의 절묘한 들판을 보고 눈물이 쏟아지고 흐느껴 울었다는 친구의 사례를 소개한다. 장 그르니에는 그 눈물이 아름다운 풍경 앞에 서 있는 자의 무력감에서 나온 것이라 말하고 있다. 아름다운 풍경과 대비되는 자신의 미천한 삶에 울었다는 것이다.

허나 그 아름다운 광경을 보고 감탄하는 마음은 누구의 마음일까. 아무리 아름다운 풍경을 만난다 해도 보는 자의 마음에서 감정이 일지 않으면 아무런 의미가 없을 것이다. 사실 대상으로서의 풍경 자체는 어떠한 의도도 갖지 않았고, 단지 풍경을 보는 자의 마음이 자극을 받아 변화를 일으켰을 뿐이다. 그 자극의 순간, 풍경을 보는 자의 내부에 본래 있던 어떤 '신성한 마음'이 깨어났을 뿐인 것이다.

그렇다. 인간의 내부에는 무한한 '하늘'이 자리잡고 있다. 이 수필에서 장 그르니에는 다음과 같이 마무리한다. "오직 그대들만이 나를 나 자신으로부터 해방시켜 준다. 그대들 속에서만 나는 나 자신의 모습을 알아볼 수 있다. 티 없는 거울아, 빛 없는 하늘아, 대상 없는 사랑아…" 여기서 "나를 나 자신으로부터 해방시켜" 주고 "나 자신의 모습을 알아볼 수" 있게 하는 '티 없는 거울'

과 '빛 없는 하늘'과 '대상 없는 사랑'의 정체는 무엇일까. 이 지점에서 당나라 무진장(無盡藏) 스님의 오도송(悟道頌)을 떠올려 본다.

> 盡日尋春不見春 진종일 봄을 찾았으나 만날 수 없어
> 芒鞋踏遍隴頭雲 산머리 구름 따라 두루 헤매었네.
> 歸來偶把梅花嗅 돌아와 우연히 매화향기 맡으니
> 春在枝頭已十分 봄은 가지 끝에 이미 분명하구나.

이 시는 깨달음의 시다. 아무리 돌아다녀도 봄을 찾지 못했는데, 집에 돌아와 보니 집 마당에 매화꽃이 활짝 피어 있다는 것이다. 천변만화하는 현상계 속에서는 아무리 돌아다녀도 내 존재의 근원을 찾을 수 없고, 그 존재의 근원은 항상 내 안에 변함없이 존재하고 있다는 사실을 알려주는 오도(悟道)의 시인 것이다. 시간과 공간을 초월하여 존재하는 절대의 세계를 체감하기까지 얼마나 많은 시행착오와 수련의 과정이 필요할까. "자기 자신을 되찾기 위하여 여행한다"고 말한 장 그르니에의 말은 자신의 내부에 존재하는 순수한 자성(自性)의 세계를 일러주고 싶었을 것이다. 장 그르니에의 수필「행운의 섬」과 무진장 스님의「오도송」은 결국 같은 세계를 말하고 있었던 것이다.

곽진구 시인의 시집『혼자 웃다』를 읽어가면서 다가

오는 게 있다. 그것은 그의 시에 일관되게 꿰어져 있으며, 작위적으로 무얼 꾸미려는 자취가 잘 잡히지 않는다는 것이다. 주어진 자리에서 주어진 일을 소화해 내고 그렇게 시간을 소요(逍遙)하는 시인의 모습이 함뿍 배어 있다. 아~ 그렇구나. 고희를 눈앞에 두고 여덟 번째 시집을 내놓을 정도면 그 정도의 내공이 있어왔지 않겠느냐, 하고 느껴진다. 이번 시집의 표제작인 「혼자 웃다」를 먼저 살펴본다.

> 비 개인 집 앞 물웅덩이에 / 맑은 하늘이 들어와 산다 // 어제는 십 리를 걸어 비에 젖은 산을 데려오고, / 오늘은 오 리를 걸어 안개 덮인 산을 데려온다 // 바람 몇 점이 / 배롱나무 꽃가지를 머리에 꽂고 / 조심조심 머물다 간다 // 집 앞까지 드리운 / 짙푸른 산 그림자, 산 그림자 / 물웅덩이에 넣어 두고 / 오고 가는 물잠자리의 / 발을 씻어주더니, / 웃어 쌓는 마을 아낙의 웃음소리를 / 놓고 간다 // 손을 흔드는 바쁜 팔월의 얼굴이 불쑥
>
> —「혼자 웃다」 전문

이 시 「혼자 웃다」의 내용을 살펴보면 행위의 부딪힘이 전혀 없다. 비 개인 집 앞 웅덩이의 물에 하늘이 들어와 놀고 있는데 부딪힐 일이 없는 것이다. 어떤 일을 하되 흔적이 남지 않는 세계를 굳이 표현하자면 '무위(無

爲)의 도(道)'라 할 수 있을 것이다. 그 대표적인 것이 '거울'이다. 거울은 만상을 모두 비추어 제 할일 다하면서도 다했다는 상(相)도 없고, 할일 하기 이전과 이후에서 차이도 없고 구별도 없다. 이 시에서 이런 거울의 역할을 수행하고 있는 것이 '물웅덩이'다.

물웅덩이를 의인화하여 "십 리를 걸어 산을 데려온다"는 표현을 쓴다거나, 바람을 의인화하여 "배롱나무 꽃가지를 머리에 꽂고", "오고 가는 물잠자리의 / 발을 씻어주더니", "마을 아낙의 웃음소리를 / 놓고 간다" 등의 표현을 보여주고 있는데, 이 또한 본래 그 행위의 주체는 자연이라는 사실을 알 수 있다. 이와 같이 단순히 무위자연한 사물을 객관적 대상으로 하여 자연을 묘사한 것이라면 그 자체로서 예술적 행위라 이르기 어려울 것이다. 이 작품이 한 편의 시로서 예술적 의미를 담아내기 위해서는 반전이 필요하다. 창조자의 내면에서 이미 이루어진 그 반전이 독자인 감상자의 내면에서도 이루어져야 비로소 한 편의 시로서 존재의미를 발휘하게 된다.

그 반전은 물론 이 '물웅덩이'의 주체를 제대로 이해하는 것에서 시작한다. 어떤 사물이 아무리 드나들어도 전혀 거리낌 없고 방해받지 않는 물웅덩이의 시적 주체는 이 시 「혼자 웃다」의 '시적 자아'라 할 것이다. 이 시의 전달형태를 고려했을 때 '시적 자아'와 이 시의 창조자인 '시인'과의 거리는 없는 것으로 보아도 좋을 듯싶다. 그런 점에서 보면, 이 시의 '물웅덩이'는 시를 창조한 시인 자신의 내면세계를 형상화한 것임을 알 수 있다. 이 '물웅덩이'와 시인의 '마음세계'를 자연스럽게 결합하고 있는 것이 이 시의 제목 '혼자 웃다'이다.

그런데 이 시의 제목에서는 '아이러니'가 찾아지는데, 이는 '혼자 웃다'라는 말 속의 '혼자'라는 단어에서 비롯된다. 비록 '혼자'라고 표현하고 있으나 혼자서 웃는 게 아니다. 물웅덩이는 맑은 하늘을 끌어안고 웃기도 하고, 십 리와 오 리를 걸어 산을 끌어오고, 바람으로 하여금 배롱나무 꽃가지를 모셔와 웅덩이에 머물게 하고, 물잠자리 발도 씻겨준다. 여기까지만 모아놓으면 다소 허전한 구조가 될 터인데, 마지막엔 "웃어 쌓는 마을 아낙의 웃음소리"까지 끌어 모아 인간사까지 버무리고 보니 하나의 튼실한 세계를 갖추게 되고 생동감이 느껴진다. 아~ 이렇게 해서 마지막 연의 "손을 흔드는 바쁜 팔월의 얼굴"이 "불쑥" 이루어진 것이구나.

물웅덩이에서 이루어지는 일은 실로 다양하고 총체적이다. 결코 혼자서 이루어지는 일이 아니었고, 작은 웅덩이는 자연의 온갖 것을 끌어 모아 마치 오케스트라의 기능을 수행한 것이다. 그렇다면 그럼에도 '혼자' 웃는다는 것은 무엇인가. 이는 수없이 많은 교감 속에서도 걸릴 것 없이 유유자적하는 소요(逍遙)의 세계를 말한 것이 아닐까. 걸림이 없는 소요의 세계는 사실 자연의 세계 속에서만 이루어지는 것은 아닐 터이다. 진정한 소요는 시간과 공간을 초월한 마음의 세계 속에서 이루어지는 세계라 할 것이다.

비록 속세의 처지에 놓여 있다 해도 그 걸림 없는 즐거움의 세계를 누리고 있는 세계가 바로 '혼자 웃는' 세계임을 확인할 수 있었다. 일 년 사시 중 천지의 기운이 가장 왕성한 때가 팔월이다. 시인은 장마철 비가 와서 더욱 풍성해진 '물웅덩이'를 통해 자연의 총체적인 아름다움을 담아내었고, 결국 그 비유의 기능을 십분 활용하여 자신이 추구하는 '무위(無爲)의 도'의 세계를 실로 자연스럽게 담아낸 것이다. 가장 바쁜 팔월의 얼굴이 '불쑥' 내 가슴속에 찾아들었는데 어찌 즐겁지 않으랴.

2. 인간의 현실자체가 곧 지락(至樂)이라

곽진구 시인은 필자와 함께 같은 대학에 입학한 입학 동기인데, 시인은 한문교육과, 나는 국어교육과 소속으로 배우는 건 다소 달라도 우린 같은 강좌를 상당수 함께 들으며 젊은 시절을 보내었다. 곽 시인은 대학을 졸업하고 바로 대학원에 입학하여 한문교육과 경전사상을 전공하였고 1982년 2월 석사논문을 마치게 되는데, 이때 제출한 논문이「장자의 도에 관한 연구」이다. 참 쉽지 않은 도학의 경전공부에 일찍이 발을 들였던 것이다. 필자가 지금에야 곽 시인의 논문을 받아볼 수 있었는데 감개무량하고 느끼는 바가 크다.

  필자가 지금 보아도 어렵기만 한 차원 높은 한문과 도의 세계를 진즉 공부했구나, 그러면서 익혔을 세계가 바로 당신의 삶과 시 속에 녹아들게 되었었구나, 하는 생각이 절로 든다. 시인은 이 논문에서, 장자는 노자의 '무(無)의 세계'를 그대로 수용하면서 이를 좀 더 구체화하여 현실 속에 적용하고 있음을 밝히고 있는데, "'무용(無用)의 용(用)'이라는 것은 노자의 '무(無)의 용(用)'을 발전시킨 것으로서 결국 '도의 용'을 의미하며, 장자는 이를 '대용(大用)'이라는 의미로 파악하여 '무용(無用)'은 참다운 가치, 참다운 '유용(有用)'임을 강조하였다."라는 표현이 그러한 예의 하나라 할 수 있다. 노자와 장자가 말하는 '무(無)'의 개념은 '무용지물(無用之物)'이라 할 때의 '무'와는 그 개념이 전혀 다르다. 도가(道家)에서 말하는 '무'란 시공을 초월한 '무', 즉 '도'의 개념으로 사용된 '무'이기 때문이다. 그러므로 무용(無用)은 도(道)의 용(用)이요, 대용(大用)이라는 것인데, 현실 속에서 노자가 말한 '무'를 잘 활용하는 것이 '대용'이라고 밝힌 것이다. 논문의 결론에서 곽 시인이 밝히고 있는 내용을 인용해 본다.

    '無何有之鄕'은 특정한 곳을 지칭한 것이 아니라 현실세계 그 자체이며 단지 삶의 척도를 어떻게 재고 여하히 살아가는가에 있음을 의미한다. 그런 점에서 장자는 인간의 삶 자체를 부정하지 않았고 오히려 현실자체를 지락(至樂)의 조건으로 체오(體悟)했으며, 그 속에서 행복을 행복으로 여기며, 참다운 삶의 가치를 음미하며 소요자재(逍遙自在)했던 것이다.

위의 '無何有之鄕'은 '어떠한 것도 존재하지 않는 장소'라는 뜻으로 곧 장자가 추구한 '무위자연(無爲自然)의 이상향'을 가리킨다. 여기서 논자(論者)는 현실세계가 곧 무위자연의 이상향이라 말하면서, 지락(至樂)은 현실자체를 인정할 때 얻어지는 것임을 말하고 있다. 이상의 의미를 새겨보면, 결국 무위자연의 이상향이라 함은 이 현실세계를 어떤 마음과 자세로 살아가느냐에 달려 있다는 것을 말한 것이 된다. 또한 논자는 이 논문에서 장자가 말하는 '도'의 세계를 『반야심경』의 공(空)과 같은 것임을 말하기도 한다.

우주만상의 근원이요, 만유제법의 원리로서의 장자의 도(道)는 곧 무(無)이다. 그 무는 언어에 의해 차별되기 이전의 본질이요, 기규정(旣規定)의 부정, 기규정 이전의 본질이다. 즉 자연은 그와 같은 차별되기 이전, 차별되는 과정 자체를 포함한 모든 것을 가리킨다. 그리고 도라고 불리는 이와 같은 자연은 결국 절대적 의미로서 전체를 의미하며 전일(全一)한 것일 수밖에 없다. 뿐만 아니라 『반야바라밀다심

경』에서 말하는 색즉시공(色卽是空) 공즉시색(空卽是色)의 '색'을 포함한 '공'과 같은 무차별적 원융의 '무'이기도 하다.*

우주의 진리는 둘이 될 수가 없을 것이다. 우주는 하나의 절대적 진리로 운행되지만, 그 바라보는 시각의 차이에 따라 즉 문화적 관점에 따라 이름이 달라질 수밖에 없을 것이다. 그런 가운데 장자가 말한 '무(無)'의 세계가 차별되기 이전과 차별되는 과정 전체를 포함한다고 하면서, 그 무차별적 '무'의 세계는 불교의 '공(空)'과 같은 세계이면서 아울러 원융한 '무'의 세계라고 말한 것은 우주의 진리를 하나로 보는 탁월한 견해라 할 것이다. "공즉시색" '공'(절대계)이라 함은 유무의 상대성을 초월한 세계로서 그 '공' 속에는 이미 '색'(현상계)의 종자를 품고 있다는 것이다. 선입견과 같은 온갖 무명(無明)과 망상을 벗어난 무위자연한 도의 수행과 불가에서 말하는 선의 수행은 결국 인간의 본성을 찾아가는 긴 여행길의 과정으로 말할 수 있을 것이다.

곽진구 시인의 시를 감상하고 분석하기 전에 그의 논문을 살펴보고 거론한 이유도 이 지점에서 밝혀진다. 즉 그의 시세계는 결국 인간에 내재한 저 깊은 신성(神聖)을 찾아가는 과정이 아닐까, 하는 나름의 전제에서 비롯된

---

* 곽진구, 「장자의 도에 관한 연구」, 원광대대학원, 1982, 15쪽

일이라 할 수 있다. 그건 과거 시인이 깊이 연구했던 존재론으로서의 학문적 업적과 현실을 살아가며 삶의 진수를 뽑아 올리는 시편들 사이에는 분명 뚜렷한 상관관계가 찾아질 것이라는 기대감이다. 그의 시 「오독(誤讀)」을 먼저 살펴본다.

철쭉꽃이 펄펄 끓는 오월의 첫 아침, / 딱따구리 한 마리가 열심히 나무를 쪼고 있다 / 내가 그 곁에 와 있는 줄도 모르고 / 쪼는 데만 열중이다 / 오로지 내 길은 목숨 걸고 하는, / 이 길 / 뿐이라는 듯이 // 비가 주룩주룩 내렸다 / 그 빗속으로 들어가 한 생을 지우는 이가 있었다 / 비로 담을 쌓아놓고 / 오로지 사랑하는 일이 목숨 걸고 하는, / 이 길 / 뿐이라는 듯이

— 「오독(誤讀)」 전문

먼저 이 작품은 두 연으로 되어 있으면서 1연과 2연의 구조가 비슷하다. 특히 각 연의 끝 2행은 "이 길 / 뿐이라는 듯이"라고 하여 강조되고 있고, 좀 더 들여다보면 각 연의 주체가 하는 일도 비슷한 내용임을 알 수 있게 된다. 아— 그렇구나. 2연의 "한 생을 지우는 이"가 하는 일은 위 1연의 '딱따구리'를 배우는 일과 동일한 것임을 알게 된다. 이 시의 비밀이 풀린 것이 된다. 그런데 제목이 '오독(誤讀)'이라니. 이 시 행위의 주체인 '한 생을 지우

는 이'가 '딱따구리'의 행위를 잘못 읽고 그처럼 따라했다는 것이다. 과연 그럴까.

이 시의 '오독(誤讀)'이라는 표현에는 시적 아이러니가 담겨 있다. 본래의 내용을 살짝 틀어서 낯설게 하고 독자로 하여금 상상케 한다. 게다가 자신의 행위를 격식 있게 낮추는 겸양의 미덕이 따라오게 된다. 이 시의 시적 화자 '한 생을 지우는 이'는 '딱따구리'를 그대로 따라하며 '자연'을 배우고 있었던 것이다. 일찍이 젊은 날부터 노장사상의 '무위자연'을 공부하며 지내온 시인의 모습이 그대로 담겨 있다. 무위자연의 끝이 어디 따로 있을 것인가. 여기엔 정답이 있을 수 없다. 삶이란 그저 끝까지 배우며 가는 길일 뿐이다.

정밀하게 보면, 이 시를 한 편의 시로 완성하게 하는 요인은 더 있다. "철쭉꽃이 펄펄 끓는 오월의 첫 아침" 철쭉꽃이 피어나는 장면을 "펄펄 끓는"이라는 수식어로 그려내고 있는데, 이처럼 짧으면서도 적확하게 5월의 철쭉꽃을 형상화할 수 있는 표현이 어디 또 있을까. 예술의 감동은 더 이상 할 말이 없을 때 온다. 잎도 피기 전에 한꺼번에 쏟아질 듯이 피어나는 철쭉의 묘사가 가슴에 먼저 와 닿는다. 또 철쭉의 열정처럼이나 옆에 누가 있든 말든 오로지 자기 짝과 함께 머물 보금자리를 장만하는 모습은 얼마나 아름다운가. 시인은 이게 바로 자연이 보여주는 진정한 사랑의 한 장면이라는 것을 제시

한 것이다. 사랑은 목숨을 걸고 하는 것이라는 시인의 표현에 이의를 달 수 없게 만든다.

이 시의 2연에서 비로소 시인은 자신의 의도를 암시적으로 드러낸다. 주룩주룩 내리는 비로 담을 쳐놓고 시적 주체가 하는 일은 "한 생을 지우는" 행위다. 그런데 이 지우는 일이 목숨 걸고 하는 "오로지 사랑하는 일"이라고 하고 있으니 이 또한 어떤 뜻인가. 시의 핵심은 이 '지우는' 행위의 의미를 파악하는 일에 있다. 이 '지우는' 행위는 곧 '비우는' 일이 되며, '무위자연'으로 나아가는 행위를 말하는 것으로 보아야 할 것이다. 시인은 '비'를 일종의 '담'으로 표현하면서 시적 주체로 하여금 일정한 '거리'를 확보하게 함으로써 자연스럽게 자신의 행위에 대한 객관성과 설득력을 갖게 하고 있다. 딱따구리가 목숨 걸고 사랑의 보금자리를 만들고 있듯이, 이 시의 주체도 목숨 걸고 오로지 '사랑하는 일'에 몰두하겠다는 것이다.

그렇다면 "한 생을 지우는" 행위가 왜 "사랑하는 일"이 되는가를 밝혀야 한다. 내용구조로 보면, 시인은 '무위자연'의 삶이 곧 '사랑'이라는 사실을 말한 것이 된다. 시인이 의도한 것이 대강 밝혀진 셈이다. 흉내를 낸다든지, 과시성이 있다든지 하는 유위적(有爲的)인 것은 진정한 사랑이 아니라는 취지이며, 무위자연한 사랑이 곧 내가 가야 할 진정한 사랑의 길이라는 뜻이다. 결국 이 시의 '딱따구리'는 '자연'을 대신하는 한 상징물이었고, 시인은 '딱따구리'를 자신의 삶의 모델로 삼고 살고 있다는 것이다. 무위자연의 정신을 생활 속에서 실천함으로써 지락(至樂)이 얻어질 수 있다는 장자의 실천법이 이 시의 주제였던 것이다. 곽진구 시인의 시적 철학을 다소 엿본 셈이다. 「오독(誤讀)」처럼 자연을 내 삶의 모델로 하여 배우고자 하는 모습을 보이고 있는 시 몇 편을 더 살펴본다.

> 조용하기만 하던 나무가 흔드는 것이다 / 무수한 꽃들이 겨울 나뭇가지 속을 걸어 다니다가 / 사타구니 밖으로 터져 나오면서 / 그 나무들이 일시에 끙, 하고 힘을 써 보는 것이다 / 봄이 왔단 것이다 // 나는 지금 나를 뒤흔드는 진원지의 한가운데에 서 있다 / 그렇게 때를 맞춰 인생의 부활을 꿈꾸고 있다, / 그 흔들림 속에서 오장육부를 뒤흔들며 / 무력하게 보내온 날들이 노랗게 질리도록 / 내 몸속에 진도 10의 강진을 일으키는 중이다 // 거짓말처럼 / 내 인생에도 봄이 왔단 것이다
>
> ─「지진」 일부

이 시 「지진」에서 '지진'은 봄을 맞아 꽃을 피운 '산수유나무'가 울려내는 진동이다. 이 진동이 시적 화자 '나'에게도 강렬하게 전해온다는 것이다. "조용하기만 하던 나무"가 드디어 봄을 맞이하는 풍경이 인상 깊게 묘사

되어 있다. "무수한 꽃들이 겨울 나뭇가지 속을 걸어 다니다가 / 사타구니 밖으로 터져 나오면서 / 그 나무들이 일시에 끙, 하고 힘을 써 보는 것이다." 산수유가 막 피어나기 직전의 진한 그리움 속 꽉 차있는 꽃의 에너지가 '사타구니'라는 육감적 단어와 '끙' 하고 힘쓰는 소리가 입체감 있게 만나 노란 산수유꽃이 안개처럼 일시에 터져 나오는 진풍경을 연출한 것이다.

  이런 풍경은 쉽게 올 수 있는 풍경이 아니다. "나는 지금 나를 뒤흔드는 진원지의 한가운데에 서 있다 / 그렇게 때를 맞춰 인생의 부활을 / 꿈꾸고 있다" 아니나 다를까. 시적 화자인 '나'는 진원지의 한가운데 서 있었던 것이며, 그 진동의 영향으로 '인생의 부활'을 꿈꾸고 있다는 것이다. 일대 사건임에 틀림없다. "오장육부를 뒤흔들며 / 무력하게 보내온 날들이 노랗게 질리도록" 진도 10의 강진을 일으키고 있다니 가히 혁명적 사건인 것이다. 그 기다리고 기다린 일이 거짓말처럼 나에게 일어났다는 것이다. 앞의 「오독(誤讀)」에서는 '딱따구리'가 자연을 대유(代喩)하는 사물이었는데, 이 시에서는 '산수유'가 나의 모델로서 자연을 대유하고 있다.

  봄날 내 몸에 꽃이 피었다 / 나의 봄은 이미 끝난 줄 알았는데 / 고맙게도 싱싱한 꽃 대신 / 황금 동상에나 있을 법한 우담바라, / 그 녹의 꽃이 핀 것이다 〈중략〉 // 늙음이란 / 사랑이 썩고 / 말이 썩고 / 생각이 썩어 / 부식이 잘 된 땅 // 나는 지금 썩고 있는 것이다 / 내 몸에서 냄새가 난다는 건 / 내 몸이 흙의 살인 것을 저 꽃이 먼저 알고 / 풍란처럼 향을 / 마지막처럼 풍겨내고 있는 것이다

—「기미」 일부

   이 작품 「기미」도 앞의 두 작품과 마찬가지로 자연을 닮아가는 내 몸의 변화를 소재로 하여 쓴 작품이다. 이제 내 봄날은 모두 사라진 줄 알았는데, 어느 날 내 몸에서 화자는 '기미'를 발견하고 나에게도 봄이 남았단 말인가? 하며 반색을 하는 내용이다. 사실 이 '기미'라는 것은 늙어서 피어나는 일명 '저승꽃'이 아닌가. 그럼에도 불구하고 화자가 긍정적으로 수용하게 되는 아이러니는 이 '기미'라는 늙은 몸의 현상을 '꽃'으로 받아들이고, 게다가 꽃 중의 최고의 꽃 삼천 년에 한 번 귀하게 핀다 하는 '우담바라'로 수용하는 데서 나오게 된다. '늙음'이 오히려 최고로 귀한 존재가 되는 비결로 탈바꿈했으니 이만저만한 '뱃장'이 아니다.

   시인의 이런 해학적 여유도 역시 자연에서 오는 것이다. 즉 이 말은 자연의 순리를 수용하는 자세를 말한다. 세상의 변하는 이치와 변하지 않는 이치를 모두 받아들여 이를 잘 소화하고 실천해내는 것이 곧 장자가 말한 무위자연한 경지가 아니겠는가. "늙음이란 / 사랑이 썩

고 / 말이 썩고 / 생각이 썩어 / 부식이 잘 된 땅 // 나는 지금 썩고 있는 것이다" 여기서 '썩는다'는 것은 당연히 변화할 일에 대하여 순리적으로 잘 소화하고 수용하고 있다는 뜻의 반어적 표현이다. 썩을 때는 썩어야 하고, 잘 썩어야 새로운 싹도 자라게 된다. 늙어서 일어나는 신체의 변화 '기미'를 '저승꽃'으로 보지 아니하고 '우담바라'로 수용하고 있으니, 화자는 이미 자연과 하나가 된 무위자연의 몸이 된 셈이다.

"내 몸이 흙의 살인 것을 저 꽃이 먼저 알고 / 풍란처럼 향을 / 마지막처럼 풍겨내고 있는 것이다" 여기서 시인은 내 몸도 자연의 일부임을 자연스럽게 표현하고 있다. 내가 먼저 말하기도 전에 '기미꽃'이 내 자연의 몸을 미리 알아보고 자연스럽게 피어났다는 것이다. 이 정도면 사실 축복이 아닐 수가 없다. '풍란의 향'이 어찌 아무에게나 풍겨날까? 풍란은 이끼 낀 바위 끝 낭떠러지 같은 척박한 환경에서도 이슬을 먹고 바람을 마시며 한가롭게 견디며 산다. 어느 뉘 이 환경을 부러워할 자가 있겠는가. 그런 속에서 풍란은 꽃을 피우는 것이다. 이제 남은 일은 무얼까. 하늘을 수용한다는 게 이처럼 아름다운 일인가. "나는 지금 썩어가고 있는 것이다"

멀리서 보면 한 권의 책으로 보이는 저 / 감나무로부터 멀리 왔다 / 저 나무는 스스로를 알아 해를 내고, / 스스로를 알아 달을 내고, 스스로를 알아 열매를 맺는다 / 그러나 나는 여전히 스스로를 알지 못해 / 이 산 저 산, 이 길 저 길을 헤매고 다닌다 / 〈중략〉 / 때마침 가을이라 죽음을 헌정하는 / 한 권의 나무속으로 뛰어든다 / 〈중략〉 / 떫음이 익어 홍시처럼 / 저 깊은 마음의 바닥으로부터 썩어 문드러져야 / 새로운 하늘을 갖는다고 생각한다

– 「감나무, 불편한 책」 일부

위의 시 「감나무, 불편한 책」 역시 자연을 통해 삶의 지혜를 배우는 대상으로 형상화되어 있다. 시적 화자 '나'는 감나무를 한 권의 책으로 보면서, 그와 멀리 떨어져 살아가고 있는 자신을 발견하고 있다. 가만히 서 있으면서도 해도 달도 제대로 이용하고 열매까지 절로 잘 맺는데, 자신은 이 길 저 길을 아직도 헤매고 있다는 것이다. 결국 화자는 '감나무'가 살아가는 이치를 배우기 위하여 가을날 죽음까지 헌정할 줄 아는 "한 권의 나무속으로" 뛰어드는 모습을 보인다. 이어 화자는 감나무로부터 '떫음'을 '홍시'로 바꾸어내는 비법을 배우게 되고, "저 깊은 마음의 바닥으로부터 썩어 문드러져야" 비로소 '새로운 하늘'을 갖게 되는 이치를 생각하기에 이른다.

여기까지 살펴본 4편의 시 「오독」, 「지진」, 「기미」, 「감나무, 불편한 책」을 통해 시인이 자연을 어떻게 바라보고 규정을 내리고 있는지를 대강 살펴볼 수 있었다. 여

기까지의 분석으로 보면, 시인은 4편의 시에서 '딱따구리', '산수유', '풍란', '감나무' 등의 구체적인 자연물을 마주하였고, 그 자연물로부터 삶의 지혜를 배우려는 내면세계를 충분히 확인할 수 있었다.

3. 느릿느릿 동행하는 '동박새 동행'

> 거대한 형상을 붙잡고 천하를 거닐어야 한다. 그러면 천하를 거닐되 해를 입지 않고 태평할 것이다. 음악과 음식은 지나가는 과객을 멈추게 하지만, 도에서 나오는 말은 담백하여 아무런 맛이 없다. (거대한 형상은) 보아도 보이지 않고, 들어도 들리지 않으며, 써도 다함이 없다.**

『노자』 35장의 내용이다. 위의 '거대한 형상'은 '형상 없는 형상'으로 곧 '무위의 도'를 말한다. 곽진구 시인의 시(詩)에서 자연물들이 이미 이루고 있는 것은 무엇이며, 인간이 자연물의 세계에 미치지 못하는 것은 과연 무엇인가. "도에서 나오는 말은 담백하여 아무런 맛이 없다"고 하고 "보아도 보이지 않고, 들어도 들리지 않"는다고 하는데, 무엇을 어떻게 해야 '도'를 알고 그 직관의 세

** 윤홍식 저, 『노자, 무위경영의 지혜』, 봉황동래, 2019, 100~101쪽

계를 찾아낼 수 있는 것일까. 그 해답의 단초를 시인의 시를 통해서 살펴볼 수 있다면, 얼추 그 형상을 그려볼 수 있지 않을까.

> 하늘이 두 쪽이 나도 안 될 일은 안 되는 일이다 // 탈탈 털린 당신의 손이 할 수 있는 일이 / 간절히 빌고 또 비는 일일진대, / 오늘 내 곁을 떠나며 하는 말은 그대로 눈물이 되었다 / 그대로 믿어야 한다 // 회한과 한숨이 오랜 세월 함께 / 당신의 손을 잡고 있었다는 걸 잊어서는 안 된다 // 바다에 떠서 잡았던 손을 / 버리고 또 버리고 하는 당신의 우유부단이 / 손을 버리는 그만큼 / 바다를 아프게 해서 나의 배는 침몰 중이다 // 꿈은 심해深海에 있고, / 꿈은 절도絶島에 있고 // 누군 바다의 산호마을에 가서 사는 게 / 소원이라고 하지만, / 바다의 밑바닥으로 가서 / 돌아오지 않는 이가 참 많다 // 바다의 밑바닥엔 당신의 빈손이 가득하다
>
> ―「물의 빈손」 전문

이 시의 1연 "하늘이 두 쪽이 나도 안 될 일은 안 되는 일이다"라는 표현은 단호하다. 그것은 자명하고 상대성을 초월한 분명한 진리이기 때문이다. 제목이 '물의 빈손'인데, 이 작품에서 '당신'은 곧 '물'을 상징하는 존재로 보아야 할 것이다. 혹 타계한 '어머니'일 수도 있다. '불'은 뜨겁고 위로 오르는 작용을 하지만, '물'은 차갑고 아래

로 내려가는 성질을 지니고 있다. 이 작품은 '물'의 그러한 특성을 살려 의인화한 것이다. "탈탈 털린 당신의 손이 할 수 있는 일이 / 간절히 빌고 또 비는 일일진대" 여기서 '물'이 간절히 빌고 또 빈다고 하는 것은 모든 걸 내려놓고 최선을 다한다는 것으로 아래로 흘러가는 '물'의 속성을 형상화한 것이리라. 살아가는 정리(情理)로야 잊을 수는 없는 것이어도 하늘이 준 이치에 따라 당신을 떠나보내야 한다.

내용구조로 볼 때 시인이 말하고자 하는 핵심은 4연에 있다. 자연사물이야 하늘이 준 속성대로 살아가거나 존재하면 되는데, 만물의 영장인 인간에게는 선택의 자유가 주어졌다. 그렇다고 내면에 주어진 천명(天命)이 그대로 발현되지 않는다. 스스로를 통제하고 중심을 잡으며 주변과 조화를 이루고자 하는 많은 노력 끝에 겨우 내면에서 울려오는 천명을 직관하게 된다. 위의 시 「물의 빈손」 4연은 그 천명을 알기까지의 노력과 아픔을 형상화한 것이라 할 수 있으리라. "바다에 떠서 잡았던 손을 / 버리고 또 버리고 하는 당신의 우유부단." 여기서 '우유부단(優柔不斷)'은 속세의 이해관계 속에서 결국 마음을 비우게 되는 인간적 갈등을 시적 아이러니로 표현한 것이리라.

그런즉 "손을 버리는 그만큼 / 바다를 아프게 해서 나의 배는 침몰 중이다"라는 표현은 극적이다. 그 모든 아픔을 감수하는 가운데 화자의 '배'는 침몰 중이기 때문이다. 화자는 당신과 함께 내 안의 '물'의 속성을 지켜낸 것이며, 마침내 '나'는 갈등에서 해방되는 순간을 맞이하게 된다. "꿈은 심해深海에 있고, / 꿈은 절도絶島에 있고" '바닷가 산호마을' 같은 편안한 곳에 머물기를 바라기도 하지만, '물' 본래의 진정한 꿈은 '심해'이고 '절도'이며 이 세상의 가장 '아래'라는 것이다. "바다의 밑바닥으로 가서 / 돌아오지 않는 이가 참 많다"와 같은 표현에서 화자의 취지가 모두 드러난다. 마지막 연 "바다의 밑바닥엔 당신의 빈손이 가득하다" 아~ 시인은 이 끝 문장 하나를 드러내기 위하여 위와 같은 긴 형상화 과정을 거쳤구나.

『노자』의 8장 "최고의 선은 물과 같다. 물은 만물을 이롭게 해주면서 다투지 않는다. 물은 모든 사람들이 꺼려 하는 곳에 자리한다. 참으로 물은 도에 가까운 존재이다."***라는 표현이 이 시의 중심 내용을 잘 담고 있구나, 하는 생각에 이르게 된다. 이 시의 4연 "나의 배는 침몰 중이다"라는 내용이 다소 분명하게 다가온다. 시적 아이러니로 '침몰'이라는 표현을 썼지만 사실 시적 화자는 이를 축복으로 받아들이는 내용이다. '침몰'은 '빈손'을 의미하며, '빈손'은 내 본래의 '순수한 영혼'을 의미하기 때문이다. 6연의 "바다의 밑바닥으로 가서 / 돌아

*** 윤홍식, 『노자, 무위경영의 지혜』, 위의 책, 34쪽

오지 않는 이가 참 많다"라는 표현에는 시적 화자의 소망이 담겨 있다. 시인은 과거 '상선약수(上善若水)'를 삶의 교훈으로 삼으며 살아간 그 많은 사람들을 떠올린 것이다. 그러면서 시인은 마지막 한 줄의 표현으로 자신의 꿈을 다시 새겨 본다. "바다의 밑바닥엔 당신의 빈손이 가득하다" 아~ 이 세상 어느 한 구석엔 빈손으로 가득한 곳도 있구나. '빈손'과 '무심'을 지향하는 곽진구 시인의 시세계를 작품 「원시의 꽃밭」을 통해 더 이어본다.

> 그보다 더 좋은 것은 나이를 앞당겨 / 그 옛날 내 할아버지가 무심히 벽에 똥칠을 하며 낄낄대던 / 아, 그 치매의 진공상태의 행복 // 기억을 잃은 행복이여 / 이제야말로 잃은 만큼 가벼워서 나는 웃는다 / 내가 만난 인간과 인간의 관계가 쳐놓은 벽을 허물고 / 지붕을 허물고 / 기둥을 뽑고 / 마침내 주춧돌까지 뽑아낸 무심無心의 세계, / 셈이 사라지고 화해만 남는다 / 누가 이곳에 원시의 꽃밭이 있음을 알겠는가
> ─「원시의 꽃밭」일부

곽진구 시인은 상기 『장자의 도에 관한 연구』에서 궁극적으로 무엇이 참된 삶의 가치인가. 또 그 삶을 여하한 방법으로 체오(體悟)하고 무궁의 경지에 도달하여 소요자재해야 하는가, 하는 문제를 거론하며 장자의 무위자연사상 중 순성(順性)과 자유평등의 문제를 중시하였

다. 이 논문에서 곽 시인은 순성과 관련하여 "순성의 근본적 의미는 인간본성의 회복을 통한 전생보진(全生保眞)함에 있다. 인위(人爲)를 가하지 않는 본래의 자연스러운 상태를 소지함으로 현상세계에서 지식, 명리부귀, 욕망 등의 사려분별지심에 은폐되어져 소멸되어가는 덕의 회복을 의미한다."****라고 말한 바 있다. 순성은 곧 인위를 가하지 않은 본성의 회복이라고 한 것이다. 이러한 주장은 그의 시「원시의 꽃밭」에서 그대로 살아나고 있음을 보여준다. "아, 그 치매의 진공상태의 행복"과 "마침내 주춧돌까지 뽑아낸 무심(無心)의 세계"가 그것이다.

시인이 그 옛날 할아버지가 치매 속에서 벽에 똥칠을 하던 사례를 든 것은 역설적 의미로 사용한 것일 뿐, 시인이 실제 구하고자 하는 것은 모든 망심과 선입견을 벗어난 진공(眞空) 상태의 순수의식이다. 평생을 살아오면서 쌓아온 인위적 모든 망념이 사라진 '치매'라는 말은 이어 나오는 '무심(無心)'이란 말과 동일한 표현이다. 즉 "지붕을 허물고 / 기둥을 뽑고 / 마침내 주춧돌까지 뽑아낸 무심(無心)의 세계"가 바로 시인이 말하고자 하는 본성이요, 순성의 세계라 할 것이다. 또한 이 시에는 그 본성과 순성을 지향하는 시인의 강렬한 열망을 담고 있으니 이 시의 마지막 행 "누가 이곳에 원시의 꽃밭이 있음을 알겠는

**** 곽진구, 위의 논문, 28쪽

가"가 바로 그것이라 하겠다. 그런즉 이 '원시의 꽃밭'은 무위자연을 현실 속에서 구체화하려는 시인의 의지를 담고 있는 강렬한 상징의 소산임을 알 수 있다.

긴 세월 자연을 끌어안고 살다보니 시인은 자연을 절로 수용하게 되고, 이를 모델로 하여 살아가는 모습이 작품마다 잘 드러난다. 그는 논문을 통해 '無何有之鄕'은 특정한 곳을 지칭한 것이 아닌 현실세계 자체이며, 장자는 이 현실자체를 지락(至樂)의 조건으로 알고 소요자재하였음을 제시한 바 있다. 인간존재의 진정한 가치는 멀리 다른 곳에 있는 것이 아니라 우리의 구체적인 삶을 통해서 이루어져야 하는 것임을 곽 시인은 시적 상상력을 통해 자연스럽게 보여준다. 이를 그의 시 「동박새 동행」을 통해 살펴본다.

무릎을 다친 이후부터 느릿느릿 산보를 한다 / 느린 걸음으로 게으름 피우는 당신의 목소리를 불러들이고 / 그 소리를 감나무의 그늘에 묻어두고서 / 오늘은 무슨 노래일까, 내일은 무슨 노래일까 기다려보는 것도 / 꽤 괜찮은 일이 아닐까 여기다가 / 그늘을 뚫고 나오는 귀여운 감꽃을 보고 웃기로 했다 / 그 꽃 속으로 칠순이 멀지 않은 아내가 다녀가고 / 아내의 딸이 다녀가고 아들이 다녀가고 / 깨복쟁이 손주 두 놈이 다녀가고… / 이런 것들만 보고 살아도 눈치 없이 배가 불렀다 / 웃음 속에 눈물이 들어있는 날이 잦았던 아내가 /

시집올 때 들고 온 재봉틀로 / 옷을 꿰매며 내는 소리가 40년 넘게 들려왔다 / 슬픔을 박는 소리였다 / 귀 닫고 눈 닫고 사는지 꽤 되었지만 / 불우는 쉬이 벗어나지 못했다 / 아내는 모른 척해도 / 나는 적절한 행복을 사재기해두어야 했다
― 「동박새 동행」 전문

1연에서 "무릎을 다친 이후부터 느릿느릿 산보를 한다"라고 은근슬쩍 말하고 있지만, 사실 '무위'는 급하게 살아서는 이루질 수 없는 세계다. 물론 이때 부려야 하는 '여유'라는 건 물리적 시간이 아닌 '마음'의 세계와 관련된 것이다. 무위는 무위끼리 통하게 되어 있다. 다친 무릎을 핑계로 하여 시인은 "느린 걸음으로 게으름 피우는 당신[혹 어머니]의 목소리"를 불러들일 수 있게 되었고, 그 귀한 소리를 '감나무의 그늘' 속에 묻어두었다는 것이다. 기발한 상상이다.

자연은 또 다른 자연을 낳는다. 그게 곧 음양오행이요, 상생상극하며 조화를 이루어가는 대자연의 이치인 것이다. 시인은 이제 새로운 설렘 속에 살아간다. 지난해 '감나무의 그늘'에 묻어둔 당신의 목소리가 새봄에 어떻게 싹이 나고, 어떻게 감꽃을 피우게 될까, 하고 기다리면서 '지락'의 맛을 느끼고 있는 것이다. 그렇게 키운 '감꽃'의 즐거움 속에 아내도 자녀도 손주도 다녀가고 '나'는 그저 눈치 없이 배가 불러진다는 것이다. 다소 슬프기도 했

지만, "아내가 / 시집올 때 들고 온 재봉틀로 / 옷을 꿰매며 내는 소리"를 40년 넘게 들으며 이심전심 살아왔다는 것이다.

그 '무위'의 마음세계를 잘 보여주며 화룡점정을 찍는 표현이 마지막 두 행 "아내는 모른 척해도 / 나는 적절한 행복을 사재기해두어야 했다"라는 내용이다. 무위의 도는 중심을 잡는 일에서 이루어진다. 대자연의 운행되는 모습이 곧 끝없는 '넘침'과 '부족함' 사이에서 균형을 이루어가는 '무위'의 현장이다. 이 시의 마지막 문장은 앞에서 진술된 모든 내용을 함축하면서 '무위'의 진정한 의미가 생활 속에서는 어떻게 이루어지는지를 잘 담아낸다. '불우'로 이어지는 경제적 고충 속에서도 표시내지 않고 그런 속에서도 '적절한 행복'을 유지하려는 화자의 모습이 담겨 있으며, 그런 반려자의 안타까운 모습을 번히 알면서도 모른 척하며 상대방의 자존심을 배려하고 자신의 일에 최선을 다하는 아내의 모습이 잘 담겨 있기 때문이다.

결국 이 시의 제목 '동박새 동행'의 '동박새'라는 단어는 '자연'의 한 대유(代喩)로 사용되면서, 동시에 평생 동행하며 살아온 '아내'를 자연스럽게 포괄하고 있음을 알 수 있게 된다. 그런 점에서 「동박새 동행」은 시인이 추구하는 무위의 세계가 구체적인 현실 속에서 어떻게 작용하게 되고, 또 시 속에서 어떻게 상상력으로 발현되며,

이런 상상력이 독자들에게 어떠한 예술적 즐거움으로 발현될 수 있는가를 보여주는 좋은 사례라 할 것이다.

4. 꽃이 웃고 딸꾹질 한 번 하고

필자는 이 글의 서두에서 장 그르니에의 수필 「행운의 섬들」을 거론하면서, 사람들의 긴 여행은 결국 자기 자신을 되찾기 위한 여정이 아닐까, 라는 명제를 제시하였다. 또 무진장 스님의 「오도송」을 통해서 끝내 찾지 못한 봄을 집 마당에 핀 매화꽃 가지에서 만나게 되었다는 일화도 만날 수 있었다. 여기에 좀 더 생각을 보태어 본다. 여행길에 어느 누구라 해도 감탄할 진기하고 신비로운 풍경 앞에서 입을 다물지 못하는 감동은 누가 시켜서일까. 태어나서 처음 느껴볼 정도의 아름다운 그림과 음악을 보고 들으면서 절로 감탄사를 내게 되는 것은 또 어디서 비롯되는 것일까.

아침 햇살에 자욱하던 먼지도 차분히 가라앉듯이, 인간의 마음도 망념을 제거하고 고요히 깨어 있으면 '텅 빈 하늘'이 내려올 수밖에 없다. 인간도 자연의 일부로서 소우주이기에 개인적 자아를 넘어선 그 자리를 비우고 보면 '하늘'은 절로 내려오지 않겠는가. 물론 이것은 언어와 논리를 떠난 직관의 영역이기에 무어라 표현할 수 없으되, 이를 일컬어 도가에서는 굳이 '도(道)'라 하였고, 불교에서는 '법신불'이라고 이름하지 않았던가. 우주 만물에 상생상극의 자연법칙이 있다는 것은 현상계의 너머 절대계에 그에 상응하는 근본원리가 이미 존재한다는 것을 반증하는 것 아닐까.

그 절대적 근원원리를 동양에서는 일찍이 '음양오행'으로 일컬어 왔고, 이러한 원리의 실천법으로 유교에서는 '인의예지신', 불교에서는 육바라밀(보시·지계·인욕·정진·선정·지혜)을 강조해 왔던 것이다. 그 '인의예지신'이라고 하는 다섯 가지 덕목이 조화를 이루고 이를 집약하면 곧 '인'이라 하고, 육바라밀 여섯 가지 덕목을 모두 조화롭게 실천하여 이를 집약해도 곧 '보리심'이라 이름 붙인다. 유교의 '인'이나, 불교의 '보리심'이나 결국 '사랑'이란 말로 귀결된다고 할 때, 우리 한민족 하느님의 '사랑'이나 예수 그리스도의 '사랑'이나 모두 조금도 다를 게 없는 '도'의 이치라 할 것이다.

그런즉 한생(生)의 여행길에서 인간이 진정 자성(自性)을 만난다는 것은 자신의 소우주에 '텅 빈 하늘'이 이미 내려와 있고, 그 하늘에는 '목화토금수'라는 항구불변의 오행원리가 근원적으로 자리잡고 있다는 것을 아는 일이 아닐까. 그래서 인간은 끝없이 '인의예지신' 내지 육바라밀을 실천해야 할 천명이 주어져 있다는 것 아니겠는가. 어쨌든 인간이 본원적으로 지니고 있으면서 또 무엇보다 소중히 회복하여 누려야 할 것도 '사랑'이란 단어가 아닐까 말할 수 있겠다. 곽진구 시인 역시 평생 시를 쓰면서 지금껏 새롭게 발견하고 있는 것도 바로 '사랑'이라는 사실을 그의 이번 시집을 통해서도 충분히 확인된다. 그 '사랑'이 어떻게 표현되고 있으며, 어떤 설득력으로 다가오는지를 살펴본다.

> 살구꽃이 활짝 핀 살구나무에서 / 새가 사납게 짖어댄다 // 도둑이라도 드는 걸까 / 이 집주인의 전前남편이라도 다녀간 걸까 // 꽃이 웃고 딸꾹질 한 번 하고, / 꽃이 웃고 딸꾹질 한 번 하고 // 생각건대 이 동네 터줏대감인 직박구리는 / 아마도 사흘은 / 계속 짖어댈 것이다 // 살구꽃 속에 / 살구가 다녀가는 걸 / 새는 알아차린 것이다
>
> — 「살구꽃 이야기」 전문

만물이 '인의예지신'의 원리로 돌아간다는 사실을 이 동네 터줏대감인 '직박구리'는 본능적으로 알고 있다. 살구꽃이 환하게 피었으니 살구꽃 속에 살구가 온다는 것을.(음양의 조화로 열매가 맺히는 일) 그래서 직박구리도 환히 밝은 살구꽃 속에서 신나게 짖어대며 제 짝을 부르고 있다는 것이다. 얼마나 유쾌한 사랑의 축제인가. 일 년에 한 번 있게 되는 이 귀한 풍경을 시인은 익살과 해학으로 풀어내고 있으니 또 얼마나 재밌는 시적 풍경인가. 직박구리가 떠들썩 울어대는 풍경을 "도

둑이라도 드는 걸까 / 이 집주인의 전前남편이라도 다녀간 걸까" 하고 읊고 있으니, 그 눙치는 솜씨가 감상자를 즐겁게 한다.

 게다가 "꽃이 웃고 딸꾹질 한 번 하고"를 반복하고 있는데, 이 '딸국질'이라는 표현이 금상첨화의 윗자리 수준이다. '직박구리'는 너무 들뜨고 신이 나서 순서를 잃어버렸고 그 결과 딸꾹질까지 달라붙은 것이다. 가히 이 동네 터줏대감 직박구리 한 마리가 살구꽃 핀 동네 하나를 축제의 장으로 바꾸어놓은 셈이다. 이게 곧 예술가의 힘이요, '사랑'의 원리를 깨달은 시인이 선물로 내려준 귀한 풍경이 아닐까.

 슬픈 기억이 많은 당신의 옛길을 걷는다는 것은 / 짠하고 멋쩍다 // 그러므로 묻는다 / 살 만하던가요? // 이즈음에 와서 떠오르는 일이지만 / 당신은 항상 눈물이 기쁨의 얼굴인 양 잘도 흘려서 / 울고 있어도 그 얼굴을 / 한 번도 들킨 적이 없었으니 // 그 모습은 마치 우물 속을 들여다보며 / 애써 뭔가를 잊으려는 듯 / 한 잎 한 잎 비우는 / 우물가의 감나무였나니, / 어머니였나니 // 찰랑, 두레박이 들어 올린 / 비밀한 책 한 권 // 한평생 사는 것이 / 이렇듯 가도 가도 모를 눈물로 가득한

―「초승달」전문

위의 시 1연 "슬픈 기억이 많은 당신의 옛길을 걷는다는 것은 / 짠하고 멋쩍다"에서 '당신'의 정체는 편의상 아내로 보아야 무난하리라. 즐거운 기억보다 슬픈 기억을 많게 했으니 아내에게 미안할 뿐이다. 하지만 그런 중에도 우는 모습을 한 번도 들키지 않고 내색을 하지 않았으니 또 고마울 뿐이다. 그래서 시인이 떠올린 것이 우물가 감나무요, 어머니다. 아픔을 누구와 달랠 수도 없이 깊은 우물을 들여다보며 이파리를 떨구는 감나무는 곧 우물가에서 떫은 애환을 삭이며 살아온 어머니의 모습과 똑같은 상징물이 된다. "찰랑, 두레박이 들어 올린 / 비밀한 책 한 권" 안쓰러운 아내를 떠올린다는 것이 설움을 삭이며 살아온 옛 어머니의 모습을 불러낸 것이다. 과거 어머니들은 눈물을 뚝뚝 흐리며 올라오는 두레박을 끌고 살아왔던 것이다. 그러니 두레박이 끌어올린 우물물에는 어머니의 한 평생의 사랑이 녹아 있고, 그러기에 '비밀한 한 권 책'이라는 것이다. "이렇듯 가도 가도 모를 눈물로 가득한" 이 시의 마지막 행의 내용이다. 제목 '초승달'과 잘 어울린다. 하지만 이 초승달은 어느새 보름달로 바뀌어 있을 것이다. 시를 추론하는 일만 해도 참 명편이다.

처서 지나고 / 매미울음이 갑자기 뚝 그친 미루나무 가지에 / 무덤 하나 보였다 // 남루한 옷 한 벌 벗어놓고 / 먼 길 떠난 당신 // 하늘 이쪽에서 / 하늘 저쪽으로 쭈-욱 난 길 // 먼 옛날부터 / 그 길엔 / 사랑 하나 주면 안 잡아먹지, 라고 / 우겨대는 / 여우 한 마리 들어섰다 // 나는 한 생을 그녀와 함께 살았어도 / 그녀를 다 읽지 못했다

- 「반쯤 읽은 책」 전문

이 시 역시 '사랑'을 주제로 하고 있는데 해학적이다. 처서가 지나고 미루나무 끝에서 매미허물 하나를 발견한다. 시인은 그 매미허물을 바라보며 저승길로 떠난 '어머니'를 떠올린다. 이 시의 핵심은 '여우 한 마리' 우화 속에 있다. 탈 없이 잘 살아가기 위해서는 이승과 저승 사이의 길을 지키고 있는 '여우'에게 잘 보여야 하는데, 그러기 위해서는 '사랑'이 필요하다는 것이다. 인간이 태어난 이후 중차대한 문제가 곧 천명(天命)일 터인데, 이 '천명'을 이렇듯 해학적으로 풀어낸 시인의 상상력이 감상자를 즐겁게 한다. 그런데 시인이 이 작품을 통해 정작 하고 싶은 말은 따로 있다. "나는 한생을 그녀와 함께 살았어도 / 그녀를 다 읽지 못했다" 애간장 녹이며 사랑을 베풀어 온 어머니의 사랑을 시인은 반절도 읽어내지 못했다는 것이다. 헌신적 사랑을 실천하며 살아온 어머니를 '반쯤 읽은 책'이라는 상징어로 표현함으로써, 어머니의 숭고한 사랑을 담아내면서, 동시에 '사랑'의 실천이라는 천명을 풀어나가야 하는 인간에게 현실적인 도리를 제시하고 있

으니, 얼마나 무위한 시인의 모습인가.

"오직 그대들만이 나를 나 자신으로부터 해방시켜 준다. 그대들 속에서만 나는 나 자신의 모습을 알아볼 수 있다. 티 없는 거울아, 빛 없는 하늘아, 대상 없는 사랑아…" 장 그르니에는 자신의 영혼에 내려온 '하늘'을 감격으로 맞이하며 이렇게 외쳤을 것이다. '나'를 '나' 자신으로부터 진정 해방시켜 줄 것은 '인의예지신'을 모두 조화롭게 녹여낸 '사랑'이요, 그 사랑의 실천이 곧 노자와 장자가 말한 진정한 '무위'의 세계가 아닐까. 곽진구 시인은 진즉 현실자체를 지락(至樂)의 조건으로 체오(體悟)하며 현실 속에서 행복을 추구하는 장자의 철학이 곧 지락의 철학임을 강조한 바 있다.

시인이 평생 추구해온 일련의 '무위' 시편을 가까이 들여다보고 나름대로 대강이나마 풀어놓을 수 있어서 즐거웠다. 시인의 시세계는 계속 '사랑'의 자리로 나아가시고, 세상이 아무리 험하다 한들 본래 우리의 우주는 '무위의 한마음'으로 가득 차 있음을 오래오래 건강하게 보여줄 수 있기를 소망한다. 곽진구 시집 『혼자 웃다』의 발간을 축하드린다. *

곽진구 시집

혼자 웃다

인쇄 2023년 6월 26일
발행 2023년 6월 30일

지은이 곽진구
발행인 서정환
펴낸곳 신아출판사
주소 전북 전주시 완산구 공북1길 16(태평동 251-30)
전화 (063) 275-4000 · 0484
팩스 (063) 274-3131
이메일 sina321@hanmail.net
출판등록 제465-1984-000004호
인쇄·제본 신아출판사

저작권자 ⓒ 2023, 곽진구
이 책의 저작권은 저자에게 있습니다. 서면에 의한 저자의 허락없이
내용의 일부를 인용하거나 발췌하는 것을 금합니다.
COPYRIGHT ⓒ 2023, by Kwak Jingu
All right reserved including the rights of reproduction in whole or in part in any form.
저자와 협의, 인지는 생략합니다.
잘못된 책은 바꿔 드립니다.

ISBN 979-11-93055-44-1 03810
값 12,000원

Printed in KOREA